PENSÉES
QUOTIDIENNES

Éditions Prosveta S.A. - B.P.12 - 83601 Fréjus Cedex (France)

ISBN 2-85566-869-7

Omraam Mikhaël Aïvanhov

PENSÉES QUOTIDIENNES

2004

P R O S V E T A

« Chaque matin, avant d'entreprendre quoi que ce soit, recueillez-vous un moment afin d'introduire en vous la paix et l'harmonie, et de vous lier au Créateur en Lui consacrant, par la prière et la méditation, cette journée qui commence.

L'essentiel, c'est le commencement. C'est là, au commencement, que les forces nouvelles se déclenchent et s'orientent. Pour agir correctement, il faut toujours commencer par chercher la lumière. Quand il fait nuit, vous ne vous précipitez pas dans l'obscurité pour aller prendre un objet ou commencer un travail, mais vous allumez d'abord une lampe pour y voir, et ensuite vous agissez. Eh bien, pour n'importe quel cas dans la vie, vous avez tout d'abord besoin d'allumer la lumière, c'est-à-dire de vous concentrer, de vous recueillir, afin de savoir comment agir. Si vous n'avez pas cette lumière, vous irez à gauche, à droite, vous frapperez à plusieurs portes, et vous ne ferez rien de bon.

Toute la journée est inscrite dans la direction que vous donnez dès le matin à vos pensées. Car suivant que vous êtes attentif et vigilant ou non, vous déblayez le chemin ou, au contraire, vous l'encombrez de toutes sortes de choses inutiles ou même nocives. Le disciple de la Science initiatique sait comment il doit commencer la journée s'il veut qu'elle soit fructueuse, remplie de la grâce de Dieu, afin de pouvoir répandre cette grâce autour de lui sur toutes les créatures. Il sait qu'il doit avoir, dès le matin, une pensée fondamentale autour de laquelle graviteront, durant la journée, toutes ses autres pensées.

Si vous avez pour chaque jour un but précis, une orientation précise, un idéal à atteindre, toutes vos activités vont peu à peu s'ordonner, s'organiser et contribuer à la réalisation de cet idéal. Et même lorsque des pensées et des sentiments étrangers, négatifs, tenteront d'entrer en vous, ils seront détournés et mis au service du monde divin, ils seront obligés eux aussi d'aller dans la direction que vous avez vous-même choisi de prendre. Et c'est ainsi que, grâce à la pensée fondamentale que vous aurez placée dès le matin dans votre tête, dans votre cœur, vous pourrez inscrire cette journée dans le grand Livre de la Vie.

Et puisque tout s'inscrit, une fois que vous aurez vécu une journée splendide, une journée de vie éternelle, non seulement elle sera enregistrée, non seulement elle ne mourra pas, mais elle tâchera d'entraîner toutes les autres journées à sa suite pour qu'elles lui ressemblent. Essayez au moins de bien vivre une seule journée car c'est elle qui influencera les autres : elle va les inviter pour leur parler et les convaincre d'être comme elle, équilibrées, ordonnées, harmonieuses. »

Omraam Mikhaël Aïvanhov

Soyez vigilant, et efforcez-vous de passer le premier jour de la nouvelle année dans les meilleures dispositions intérieures possibles, car ce premier jour a autant d'importance pour tout le reste de l'année que le moment de la naissance pour toute la vie. La vie de chaque être humain est marquée par les influences astrales qui ont agi au moment de sa naissance ; le déroulement d'une vie est donc contenu en germe dans son commencement, et c'est là la raison d'être de l'horoscope. À une échelle plus réduite, le premier jour d'une année contient en germe tout le déroulement des jours à venir. C'est pourquoi soyez attentif à vivre ce premier jour dans la lumière, l'amour et l'harmonie. À chaque heure, par la prière, la méditation, les chants, les bonnes pensées, les bons sentiments, tâchez d'inscrire des empreintes lumineuses qui influenceront bénéfiquement tous les jours de cette année.

Seul celui qui a réussi à trouver la place qui est véritablement la sienne peut goûter la joie et la paix. Vous direz : « La place ?… De quelle place s'agit-il ? » Évidemment, le mot place a là plusieurs significations : élément, pays, maison, métier, rôle, idéal… On voit souvent des gens aller à droite et à gauche sans jamais se fixer nulle part : ils n'arrivent pas à trouver leur place, ils n'ont pas de racines et ils sont malheureux. Ils ont besoin que quelqu'un vienne les placer dans un sol fertile où ils commenceront à germer. Jusque-là, ils sont semblables au grain qui attend dans un grenier le moment d'être semé. Lorsque le grain est mis dans une bonne terre, il pousse et il donne des fruits, il dit : « Ça y est, j'ai trouvé ma place. » Car cette place n'était pas le grenier, où il était menacé de moisir ou d'être grignoté par les souris. Et ce qu'il faut désormais pour chacun, c'est d'être semé, planté dans la terre spirituelle.

Plus vous vous liez à la Source divine, plus vous attirez à vous des entités qui viennent vous aider et vous soutenir. C'est ainsi que vous devenez fort, rayonnant, maître de vous-même, et vous possédez la clé puissante de la réalisation. Craignez donc par-dessus tout de commettre des actes qui éloignent de vous ces ouvriers divins. Car chaque faute chasse des amis invisibles en produisant des exhalaisons nauséabondes qu'ils ne peuvent supporter. Mais placez Dieu en vous au-dessus de toute chose, priez, méditez pour vous lier à Lui et les ouvriers célestes laisseront couler sur vous les eaux du fleuve de vie et vous illumineront de leurs clartés. Ouvrez votre âme à ces faisceaux de lumière et vous verrez apparaître devant vous un monde sublime peuplé d'habitants de toute splendeur.

La lumière est la véritable nourriture pour notre vie intérieure. Chaque jour, pensez à la lumière, concentrez-vous sur la lumière en imaginant qu'elle vous enveloppe, qu'elle pénètre en vous... À ce moment-là, non seulement vous vous sentirez protégé, à l'abri de toutes les influences malfaisantes, mais vous allez attirer les puissances bénéfiques du cosmos, vous allez attirer les anges qui viendront participer à votre travail, vous soutenir dans vos efforts. Pensez à la lumière, imaginez qu'elle jaillit de vous pour s'étendre dans l'espace et pénétrer les consciences de tous les êtres. Il n'existe pas d'exercices plus efficaces, plus puissants que les exercices avec la lumière. C'est avec la lumière que vous construisez votre être intérieur.

Vous avez fait un jour la rencontre d'un homme ou d'une femme qui vous a inspiré un profond sentiment d'affection. Avez-vous observé les transformations que la seule présence de ce sentiment a produites en vous ? Soudain, vous avez été entraîné à penser et à agir de façon différente, et pas seulement vis-à-vis de cette personne : c'est avec tous les êtres autour de vous, et même avec la nature et avec les objets, que vous avez maintenant d'autres relations. Tant de choses que vous ne voyiez pas et ne sentiez pas auparavant commencent à vous apparaître et vous poussent à entreprendre de nouvelles activités ! Car l'amour est une force et cette force agit sur vous, sur votre mental, sur votre volonté, sur votre corps même, et il vous donne d'immenses possibilités. L'amour, c'est comme l'essence pour votre voiture : si vous avez de l'essence dans le réservoir, vous pouvez aller très loin, mais si l'essence manque, où irez-vous ? Et si l'amour manque, où irez-vous ?

Efforcez-vous d'acquérir du discernement, soyez plus attentif, et vous sentirez qu'avant chaque moment important de votre vie (que ce soit une rencontre, un voyage, un travail, une décision à prendre), une voix intérieure vous conseille. Pourquoi ne faites-vous pas attention ? Parce que vous n'entendez que le tapage et les tempêtes. Pour écouter l'être intérieur qui vous parle, il faut qu'il fasse beaucoup de bruit. S'il parle doucement, vous ne l'écoutez pas. Pourtant, vous devez savoir que lorsque les êtres supérieurs nous parlent, ils ne nous disent que quelques mots et d'une voix presque imperceptible. Quand, par votre faute, il vous est arrivé un malheur, parfois vous vous dites : « Oui, bien sûr, il y avait bien quelque chose, là, qui m'avait averti, mais cette voix était si faible, si faible… » Alors, à l'avenir, méfiez-vous des voix qui vous parlent beaucoup et très fort pour vous induire en erreur, et tâchez de mieux écouter la douce voix du Ciel.

Faut-il faire une séparation entre les objets sacrés et les objets profanes ?… Vous habitez une maison ou un appartement ; dans cette maison ou cet appartement il y a différentes pièces, et dans ces pièces vous avez mis toutes sortes d'objets. Si vous les avez placés là, c'est qu'ils vous sont utiles, vous avez chaque jour des relations avec eux. Alors, pourquoi ne pas penser à consacrer ces objets ? Si vous les consacrez au bien, à la lumière, eux aussi agiront bénéfiquement sur vous et votre famille. Et une fois qu'ils sont consacrés, vous devez les utiliser avec attention, avec précaution, car votre façon de les traiter se reflétera aussi sur vous. Par votre façon de les considérer, vous pouvez transformer les objets qui vous entourent en agents magiques, liés au Ciel ; ainsi l'énergie qui circulera à travers eux vous sera favorable.

Le but de la vie, c'est… de vivre, tout simplement, et on ne peut vivre qu'en tissant des liens avec toutes les existences qui peuplent l'univers : les esprits de la nature, mais aussi les anges, les archanges, toutes les divinités jusqu'au Créateur Lui-même qui a mis sa vie en chaque être et en chaque chose.

Tout ce qui est en nous et autour de nous ne cesse de nous parler de la présence de Dieu. Mais pour les humains, c'est extraordinaire, cela ne suffit pas, ils voudraient qu'Il vienne Se montrer en personne. Quoiqu'en réalité, pour beaucoup cela non plus ne suffirait pas, ils s'arrangeraient pour ne rien voir, ne rien entendre, ne rien sentir. Il faudrait que le Créateur vienne se manifester à eux avec le tonnerre et les éclairs pour casser leur carapace. Mais voilà qu'Il ne le fait pas. Il laisse les humains chercher en eux-mêmes les moyens de Le découvrir.

Lorsque dans le livre de la *Genèse* Moïse parle de l'arbre de vie qui se trouvait dans le jardin d'Éden il s'agit évidemment d'un symbole. Cet arbre de vie représente notre univers, et les fruits de cet arbre les qualités et les vertus des constellations zodiacales. Ce sont, dans l'ordre : le Bélier, l'activité ; le Taureau, la sensibilité et la bonté ; les Gémeaux, le goût de l'étude ; le Cancer, la perception du monde invisible ; le Lion, la noblesse et le courage ; la Vierge, la pureté ; la Balance, le sens de l'équilibre cosmique ; le Scorpion, la compréhension de la vie et de la mort ; le Sagittaire, le lien avec le Ciel ; le Capricorne, la domination de soi ; le Verseau, la fraternité et l'universalité ; les Poissons, le sacrifice. Voilà les qualités des fruits de l'arbre de vie que Dieu avait donnés en nourriture à Adam et Ève, et c'est de ces fruits que nous devons nous aussi nous nourrir.

Il ne faut jamais accepter cet état d'indétermination où des tendances contraires se disputent la place ; sinon, on finit par ressembler à un appartement inoccupé dans lequel toutes sortes d'intrus cherchent à s'introduire pour chaparder et vivre aux frais du propriétaire.

Lorsqu'elles doivent quitter momentanément leur maison, certaines personnes invitent parfois des amis à l'occuper afin de la garder. Dans le plan physique, on sait très bien ce qu'il faut faire, mais en ce qui concerne le monde intérieur, on ne pense pas qu'il y a aussi des précautions à prendre. Alors, quand vous ne vous sentez pas très sûr de vous, occupez-vous d'installer, au moins pour un temps, des locataires dans tous vos appartements ; appelez des amis lumineux du monde invisible et dites-leur : « J'ai peur que des indésirables viennent faire irruption chez moi, alors je vous invite à habiter quelque temps ma demeure, je vous en prie. » Plus tard, vous ne voudrez plus laisser partir ces amis intelligents, bons, vigilants, et vous les garderez pour toujours.

Dans les familles terrestres, il y a nécessairement l'enfant premier-né, puis le second, puis le troisième, etc., parce qu'on est dans le plan physique et que dans le plan physique, qui est régi par les lois de l'espace et du temps, il y a toujours un ordre, un classement : un objet après l'autre, une personne après l'autre ; ils ne peuvent pas tous se présenter ensemble à la même place et au même moment. Mais dans le plan spirituel, dans la famille divine, les êtres humains sont tous de rang égal. À tous est donc reconnu « le droit d'aînesse », c'est-à-dire la dignité de fils et de filles de Dieu. Seul celui qui met à la première place ses appétits inférieurs perd cette dignité de fils de Dieu : son père n'est plus Dieu (ou le Saint-Esprit) mais cette entité que Jésus, dans les *Évangiles*, appelle Mammon. Il appartient donc à chacun de vous de prendre conscience de sa filiation divine et de travailler pour conserver son rang.

L'apparence des choses est souvent mensongère : derrière la beauté peut se cacher la laideur, derrière la richesse la misère, derrière la force la faiblesse. Cette apparence trompeuse, la philosophie hindoue l'appelle « maya » : l'illusion. Le sage est celui qui arrive à percer le voile des apparences pour découvrir la réalité ; une fois qu'il l'a découverte, il s'efforce d'analyser lucidement ses aspirations à la lumière de cette réalité. Et souvent, en comprenant ce qui l'attend, il abandonne ses ambitions, il renonce à poursuivre la fortune, la gloire et les plaisirs. Tant qu'on ne voit pas, tant qu'on ne comprend pas ce qu'est « la maya », on part à l'aventure en croyant qu'on va trouver le bonheur et les succès, et on tombe dans les pièges. Mais dès l'instant où l'on voit les choses sous leur véritable éclairage, on devient plus prudent et alors, oui, on peut avancer avec l'assurance qu'on ne s'égarera pas.

Les pensées, les sentiments et les désirs des humains se déversent dans le monde invisible où ils déclenchent des courants bénéfiques ou maléfiques. Mais comme très peu de personnes sont instruites de cette réalité, il y a donc sur la terre quatre ou cinq milliards d'individus qui, chaque jour, sans arrêt, sont en train de provoquer inconsciemment des forces destructrices. Si on essaie de les éclairer, ils ouvrent des yeux étonnés en se demandant ce qu'on leur raconte : les pensées et les sentiments ne se voient pas, ne se touchent pas, quelle influence peuvent-ils avoir sur les événements ?… Eh bien, justement, ils en ont une.

La vie intérieure, la vie de la pensée est essentielle pour la construction de notre avenir et celui de l'humanité. C'est pourquoi la première chose que l'on apprend dans une École initiatique, c'est à surveiller ses pensées, ses sentiments, ses désirs : quel est leur but, leur direction, pour pouvoir justement se lier aux forces bénéfiques de la nature et travailler ainsi à sa propre évolution et à celle du monde entier.

Des générations d'êtres humains ont très bien vécu sans connaître l'écriture. Mais nous, nous vivons dans une culture qui exige que nous sachions lire et écrire, et il est impensable maintenant que nous puissions nous en passer. Or lire et écrire sont deux activités que nous devons aussi apprendre à exercer sur d'autres plans. Dans la Science initiatique, lire, c'est pouvoir déchiffrer le côté subtil et caché des objets et des créatures, interpréter les symboles et les signes placés partout par l'Intelligence cosmique dans le grand livre de l'univers. Et écrire, c'est être capable de marquer ce grand livre de notre empreinte, agir sur les pierres, les plantes, les animaux et les hommes par la force magique de notre esprit. Lire et écrire sur le papier est insuffisant, c'est dans toutes les régions de l'univers que nous devons nous préparer à la lecture et à l'écriture.

Si vous vous trouvez quelque part dans la société, insignifiant, inconnu, vous ne pouvez pas intervenir dans les affaires du pays. Pour avoir la possibilité d'intervenir, vous devez aller jusqu'au centre (ou au sommet c'est le même symbole), là où se trouve le roi ou le président, et devenir son ministre. À ce moment-là, oui, vous avez toutes les possibilités, parce que vous avez atteint le point central, le point culminant. Tant que vous restez en bas, à la périphérie, personne ne vous écoute. Et la même loi agit dans le plan spirituel. Tant que vous n'arrivez pas à atteindre en vous-même le centre, le sommet, c'est-à-dire votre esprit, vous pouvez faire quelques acquisitions, c'est entendu, mais rien ne dépend vraiment de vous. Tandis que si vous arrivez à toucher votre esprit, vous êtes le maître, parce que ce centre vous donne toutes les possibilités, et alors tout dépend de vous. Cessez donc de vous occuper de réalisations passagères et futiles ; travaillez à atteindre l'esprit en vous sans vous préoccuper du temps qu'il vous faudra pour y parvenir.

16 Janvier

Chaque jour vous êtes exposé aux manifestations de votre nature inférieure. Elle fait partie de vous, elle vous présente ses arguments, mais tâchez de ne pas vous laisser convaincre, ne lui donnez pas raison. Accordez-lui, si vous voulez, le bénéfice de… la « raison déraisonnable », en disant : « Bon, elle est ce qu'elle est pour des motifs qui ont sans doute été valables dans le passé, à un certain stade de l'évolution, quand l'homme, comme l'animal, devait obéir à ses instincts. Mais maintenant, à un stade plus avancé de l'évolution, l'Intelligence cosmique a d'autres projets pour moi. » Et méfiez-vous aussi de ceux qui se laissent diriger par leur nature inférieure. Vous pouvez les excuser en comprenant la cause de leur conduite, mais ne vous laissez pas influencer. Les comprendre, les excuser, leur pardonner, c'est différent, c'est permis, c'est même souhaitable. Mais vous, suivez votre nature supérieure, vous serez toujours sur le bon chemin et vous pourrez aussi y entraîner les autres.

Chaque réalisation terrestre a sa source, ses racines en haut dans le monde divin. Rien de ce que l'on construit sur la terre ne peut subsister si on ne prend pas d'abord soin d'en assurer les bases dans le plan spirituel. Cela est déjà vrai pour une institution politique, sociale, alors à plus forte raison pour une institution religieuse.

Or, que voit-on ? Avec le temps, la chrétienté s'est transformée en une sorte de musée où l'on peut lire toute l'histoire de l'architecture, de la peinture, de la musique. Il y a de quoi être émerveillé, c'est vrai, car cela traduit la ferveur des temps passés, mais maintenant ce ne sont plus que des vestiges, et l'esprit est perdu. Il est normal que l'esprit se manifeste dans la matière d'une façon appropriée, mais ce que l'on voit de nos jours n'est plus une manifestation de l'esprit dans la matière, mais au contraire la matière qui a englouti et paralysé l'esprit. Où sont maintenant cette ardeur, cette ferveur qui avaient pu créer de tels chefs-d'œuvre ?

On voit des quantités de gens s'obstiner à rechercher ou conserver des places, des fonctions, des rôles qu'ils seront incapables de tenir parce qu'ils n'y sont pas préparés. Et ils sont fiers de s'obstiner, car ils veulent montrer au monde entier que rien ne les arrêtera, rien ne les fera plier ou céder.

C'est très bien de vouloir se dépasser, c'est très bien d'avoir de l'ambition, mais une ambition qui n'est pas soutenue par des qualités correspondantes ne peut produire que des dégâts. C'est pourquoi, plus que d'avoir des ambitions, il est important d'avoir un haut idéal, ce qui n'est pas la même chose. Oui, il ne faut pas confondre ambition et idéal. L'ambition cherche des succès visibles, tangibles, matériels, tandis que le haut idéal ne cherche que le progrès intérieur, spirituel. Voilà ce que les disciples d'un enseignement spirituel doivent comprendre. Pourquoi ? Pour ne jamais être tentés de se servir du savoir initiatique à des fins égoïstes, personnelles. Combien de gens qui n'étaient pas capables de réussir grâce à leurs talents et à leur travail ont essayé d'obtenir le pouvoir, l'argent et la gloire en se servant de la Science initiatique ! Eh bien, il faut qu'ils sachent que c'est le meilleur moyen de se perdre.

Lorsque votre âme quitte le corps pendant le sommeil, elle ne reste pas inactive : elle voyage, elle contemple l'immensité, elle communie avec les esprits célestes, elle se renforce dans la connaissance de l'amour, de la sagesse et de la vérité. À son retour, elle rapporte le souvenir de toutes ces richesses et elle tâche de les imprimer dans le cerveau. Et même si vous n'en êtes pas tout de suite conscient, comme toutes ces grandes vérités laissent en vous une empreinte éthérique, un jour ou l'autre vous finissez par en prendre connaissance. Voilà pourquoi il arrive que vous receviez soudain, comme dans un éblouissement, la communication de certaines vérités sublimes que votre inconscient portait certainement déjà en vous depuis longtemps. Jusque-là, le moment n'était pas encore venu pour vous d'en être conscient, mais il y a eu tout à coup un instant propice où votre cerveau se trouvait dans de bonnes dispositions, et cette vérité a jailli. Si vous voulez que ces expériences soient de plus en plus fréquentes, vous devez introduire une grande discipline dans votre vie, car c'est à partir du moment où vous vous habituerez à travailler sur votre corps physique pour le purifier et le rendre sensible, que votre âme pourra enregistrer plus facilement les vérités sublimes.

Le racisme est une des pires théories qui aient jamais été inventées par des individus criminels. Car à quelque race qu'il appartienne, chaque être humain représente une cellule du grand Être cosmique. Mais comment le faire comprendre à toutes ces « cellules » qui en sont restées à un niveau de conscience tellement inférieur qu'elles se sentent étrangères les unes aux autres, et même hostiles ? Elles ne sont pas capables de concevoir cette unité à laquelle elles appartiennent, et donc à la moindre occasion leurs réactions, leurs comportements entrent en conflit avec le tout. Il faut qu'elles admettent, ces cellules, que l'humanité entière n'est en réalité qu'un seul et même organisme, une seule et même entité. Alors chacune d'elles n'aura plus d'autre désir que d'entrer en harmonie avec toutes les autres cellules qui représentent l'Être sublime, Dieu Lui-même. Si elles refusent, si elles excluent les autres, en réalité c'est elles qui s'excluent du tout.

Quand le chimiste doit faire une expérience, il rassemble tous les éléments dont il aura besoin, en sachant qu'ils doivent non seulement être chimiquement purs, mais qu'ils ne produiront d'effets que dans certaines conditions données : proportions, température, etc. Cette loi est valable aussi dans le domaine spirituel. Celui qui chaque jour s'efforce de purifier, d'ennoblir ses pensées et ses sentiments, de vivre dans l'harmonie en se liant aux entités lumineuses du monde invisible, crée des conditions favorables à l'apparition en lui du véritable savoir, des véritables révélations spirituelles.

Un idéal spirituel nous lie à un monde supérieur dont nous recevons la nourriture. Et celui qui goûte, ne serait-ce qu'un moment, à cet élixir de la vie divine, reçoit plus que ne pourront jamais lui apporter des années d'études, de succès, de pouvoir, de gloire et de plaisir. Cela vous étonne ? Eh bien, c'est que vous ne connaissez pas la nature du monde spirituel. Le monde spirituel est placé sous le signe de la qualité, à la différence du monde matériel qui est placé sous le signe de la quantité. C'est la qualité de ce que vous vivez dans votre âme et dans votre esprit qui peut, en une seconde, vous donner une plénitude qu'aucune accumulation de succès ou de satisfactions d'ordre matériel ne pourra jamais vous faire éprouver.

La création est une continuité. Donc, de la matière à l'énergie et de l'énergie à la matière, il n'y a ni interruption ni rupture. De même qu'une force peut se cristalliser en formes, de même la matière peut se désintégrer et redevenir énergie. Un fruit que nous mangeons se transforme en énergies qui viennent soutenir non seulement notre vie physique, mais aussi notre vie mentale, affective. Grâce à ces énergies nous pouvons parler, aimer, penser, etc., ce qui prouve qu'on peut transformer une matière grossière en une matière de plus en plus subtile, jusqu'à ce qu'elle devienne lumière. Et l'inverse est également possible : on peut transformer la lumière en pensées, en sentiments… et même en nourriture. Mais là, évidemment, seuls les grands Maîtres, les Initiés sont capables d'opérer consciemment cette transformation.

Sous prétexte que des charlatans et des escrocs se font passer pour des gourous, on entend de plus en plus de personnes rejeter systématiquement l'idée de Maître spirituel. Mais quel drôle de raisonnement ! Est-ce qu'elles n'écoutent plus de musique parce que certains musiciens composent d'épouvantables cacophonies ? Est-ce qu'elles ne vont plus dans les musées parce que certains peintres ne font que des barbouillages ? Est-ce qu'elles ne lisent plus de livres parce que certains auteurs écrivent n'importe quoi ? Alors, qu'est-ce que ce manque de logique ?... La vérité, c'est qu'écouter de la musique, aller admirer des œuvres d'art ou lire des livres est assez facile, tandis que prendre le chemin de la vie spirituelle, accepter une discipline, agir avec désintéressement, demande beaucoup de temps et d'efforts. Alors, tous ces gens-là ne sont-ils pas simplement des paresseux qui donnent tous les prétextes possibles pour refuser la lumière d'un vrai guide et ne pas faire d'effort ?

Leurs relations avec leur entourage, voilà le problème le plus important que les humains ont tous les jours à résoudre. Alors, travaillez sur vous-même afin de développer les qualités psychiques, morales, qui vous permettront de mieux comprendre et accepter les autres. Car c'est cela, l'essentiel : apprendre à vivre avec les autres. Et pas seulement avec votre famille, vos amis, vos voisins, vos proches, vos collègues de travail, etc. Vous devez entrer aussi en relation avec toutes sortes de personnes différentes de vous par l'âge, la formation, le milieu social, la nationalité, la race, afin de vous habituer très tôt à toutes les situations humaines. Car si vous n'êtes pas prêt, le jour où vous serez obligé d'affronter ces situations, vous allez vous montrer fermé, incompréhensif et même, sans le vouloir, parfois méchant. Oui, le critère de l'évolution des êtres est dans leur capacité de rencontrer les autres et d'entrer harmonieusement en relation avec eux.

Pour consoler les chrétiens l'Église leur dit : « Vous êtes pauvres, faibles, malades, mais ayez l'espérance et la foi, l'amour du Seigneur est infini, vous serez un jour à son côté dans le Paradis. » Donc, voilà ce que doit être l'entourage du Seigneur : de pauvres bougres, misérables, en lambeaux. Malheureusement pour les chrétiens, le Seigneur ne veut être entouré que de splendeurs, des créatures les plus lumineuses, les plus pures, les plus puissantes. Alors, il vaut mieux pour eux ne pas tellement compter qu'ils auront dans le Ciel toutes les félicités qu'ils n'ont pas eues sur la terre. Qu'ils s'occupent plutôt de déclencher intérieurement les puissances spirituelles qui leur permettront d'obtenir dès maintenant la lumière, l'amour, la joie. Quand vous semez une graine, toutes les puissances du ciel et de la terre sont là pour soutenir votre travail et vous aurez bientôt des fleurs et des fruits. Mais si vous n'avez rien semé, rien ne poussera, même si vous avez l'espérance et la foi.

Pour canaliser l'eau, on creuse des rigoles… Pour éclairer sa maison, on installe des fils électriques… Et pour recevoir des émissions de radio ou de télévision, il faut des appareils comportant, eux aussi, des circuits qui transmettent le son ou l'image… Et combien d'autres exemples je pourrais vous donner pour vous faire comprendre que l'être humain doit aussi graver quelque chose en lui-même, des circuits, des canaux, afin de capter et de faire circuler les énergies divines ! Comment peut-il penser que la sagesse de Dieu, son amour, sa volonté trouveront le chemin en lui s'il n'a rien prévu, rien préparé ? Ce chemin se grave par des actes, mais aussi évidemment par les pensées et les sentiments qui préparent ces actes. Si rien n'est aménagé, les énergies divines qui circulent dans l'espace ne couleront pas chez lui, elles iront ailleurs.

L'existence humaine peut être comparée à la traversée d'une forêt ou à l'ascension d'une haute montagne. Que d'efforts à faire, que de dangers à affronter pour arriver au but ! Et si c'est dans l'obscurité qu'on entreprend cette traversée ou cette escalade, le risque est grand de s'égarer, de tomber dans des embuscades, de rouler au fond d'un précipice… Dans les ténèbres, non seulement on est véritablement exposé aux dangers, mais le plus dangereux encore, c'est la peur qu'on se crée soi-même en ne sachant pas comment interpréter les bruits et les formes indécises qu'on voit s'agiter.

Or, avoir peur, c'est donner du pouvoir à ce dont on a peur, c'est lui préparer des conditions pour nuire. Eh bien, voilà symboliquement ce qu'est la vie des humains lorsqu'ils ne possèdent pas le savoir véritable, ce savoir qui doit les accompagner comme une lumière afin de leur donner la sécurité et la paix. À ce moment-là, même s'ils ont des épreuves à traverser, ils savent comment sont les choses, et ils marchent donc tranquillement.

Ne croyez pas qu'une idée soit une abstraction. Une idée divine est une créature, un être vivant qui vient du monde de l'esprit, et cet être vivant fait un travail sur vous. Tant que vous la maintenez, tant que vous la nourrissez, cette idée vous façonne, elle vous modèle au point qu'un jour vous arrivez à refléter ce monde sublime dans lequel elle a son origine : le monde des archétypes, où demeurent ces créatures qui, justement, s'appellent les Idées. C'est pourquoi, avant d'accepter une idée, il est tellement important de vous montrer vigilant et lucide. N'acceptez de travailler que pour une idée divine : car cette idée tire d'elle-même toutes les possibilités de vous modeler, vous améliorer, et un jour vous devenez citoyen de ce monde des Idées. C'est par les Idées que vous formez des liens avec le monde supérieur, car elles sont comme des abeilles qui vous apportent tout ce qui existe de meilleur.

Les conditions de la vie correspondent rarement à ce que vous souhaitez ou espérez ; mais au lieu de vous plaindre, de vous révolter ou de vous décourager, vous devez réfléchir et vous interroger : pourquoi le Ciel a-t-il voulu que, dans la famille, dans le travail ou ailleurs, ce soient tels et tels êtres précisément qui vous entourent, et pas d'autres ? Il faut apprendre à considérer ces conditions difficiles sous un autre aspect, et même si vous ne les comprenez pas, faire l'effort de penser qu'elles ont un sens, une raison d'être. Et plus c'est incompréhensible et contraire à ce que vous espériez, plus il faut faire confiance au Ciel et vous dire que la réalisation de vos meilleures aspirations passe par là. Même si pour le moment vous êtes en train de souffrir, après quelque temps vous allez vous renforcer, vous apaiser ; vos relations avec les autres s'amélioreront, et vous sentirez les bonnes influences de ce travail jusque sur votre santé.

Tâchez de me comprendre et non seulement vous ne vous étonnerez plus quand je vous dis que je cherche dans chaque homme et chaque femme la divinité qui l'habite, mais vous essaierez de faire comme moi. Car en agissant ainsi, nous montrons notre respect pour les œuvres de Dieu. Parce que j'admire la sagesse du Créateur, je sens qu'il y a en tout être quelque chose d'infiniment beau et précieux qui mérite d'être considéré et aimé. Tant pis si, en voyant mon attitude, certains se moquent et pensent que je vis dans l'illusion ! Moi, je sais que je vis, au contraire, dans la foi véritable qui repose sur des vérités éternelles. Une de ces vérités, c'est que Dieu a créé l'homme à son image. Alors, en cherchant la divinité en chaque homme, en chaque femme, non seulement nous manifestons au Créateur notre foi et notre amour, mais nous vivifions aussi sa présence en nous-même.

Lorsque j'étais un jeune disciple auprès du Maître Peter Deunov, en Bulgarie, j'avais remarqué chez lui une habitude qui m'intriguait. Quoi qu'il soit en train de faire, il arrivait toujours un moment où il s'arrêtait, fermait les yeux et prononçait quelques mots ; alors, comme s'il s'était retiré dans un autre monde, son visage exprimait quelque chose d'extraordinairement paisible et profond.

Un jour, je finis par déchiffrer quels étaient ces mots : « *Slava na Tébé, Gospodi* », c'est-à-dire « Gloire à Toi, Seigneur ». Et je pensais : si un grand Maître, qui est toujours si étroitement lié au Seigneur, a besoin de prononcer plusieurs fois par jour son nom, à plus forte raison devons-nous le faire, nous aussi. Et j'ai voulu l'imiter. Au cours de la journée, où que je sois, je me suis donc habitué à répéter : « *Slava na Tébé, Gospodi.* » Et vous aussi, pensez à le faire, en bulgare ou en français, comme vous voulez. Que vous soyez chez vous, dans la rue, au travail, arrêtez-vous un instant pour vous lier au Seigneur en prononçant ces quelques mots, sans que personne n'entende, bien sûr, et vous vous sentirez aussitôt relié à la Source divine de la vie.

Quoi que vous disiez, c'est votre comportement qui est la preuve que vous avez la foi. À travers votre comportement vous montrez que votre foi est soutenue par votre amour, votre intelligence, votre savoir, votre volonté. Croire en Dieu, c'est se sentir fils, fille de Dieu, et donc s'efforcer d'agir conformément à cette filiation. Un fils de Dieu, une fille de Dieu savent non seulement qu'ils héritent des vertus et des pouvoirs de leur Père et de leur Mère célestes, mais qu'ils doivent mettre tout en œuvre pour les développer et devenir ainsi maîtres de leur destin. Tout acte qui n'est pas inspiré par la sagesse et l'amour véritables produit en l'homme des miasmes qui s'opposent en lui aux manifestations de la Divinité. Celui qui sent que Dieu est son Père n'a rien d'autre à faire qu'à dégager, purifier l'espace entre ce Père et lui.

Depuis la terre jusqu'aux étoiles, l'univers entier obéit à la loi de la hiérarchie, c'est-à-dire que les éléments les plus grossiers, les plus lourds, s'accumulent en bas, tandis que les éléments les plus légers, les plus purs, ont tendance à monter. C'est une loi physique que l'on retrouve aussi dans le plan psychique. Le disciple qui connaît cette loi s'efforce de monter très haut par la méditation, la contemplation, la prière, afin de capter les particules de matière les plus subtiles grâce auxquelles il construira ses corps subtils, ses corps spirituels. Et comme à ces matériaux sont liées des énergies, des entités, plus ils sont purs, plus les énergies et les entités qui leur sont attachées sont vivantes et rayonnantes. C'est ainsi qu'en remplaçant les particules usées de son corps par des particules nouvelles, le disciple introduit en même temps dans son psychisme des visiteurs plus évolués.

De plus en plus de gens s'intéressent à l'économie et aux finances, et dans ce domaine ils deviennent des champions. Du moins, c'est ce qu'ils croient. Car, en réalité, s'ils avaient une bonne compréhension des questions économiques et financières, ils sauraient s'occuper des richesses spirituelles qu'ils reçoivent du Ciel, comment les conserver, comment les faire fructifier. N'importe quel ignorant sait que s'il ne fait pas fructifier son capital, au bout de quelque temps il n'aura plus rien, car un capital qui n'est plus alimenté est vite dissipé. Mais quand il s'agit du plan spirituel, même les plus instruits se laissent appauvrir : ils oublient que la lumière, la chaleur, la richesse intérieures s'épuisent rapidement si l'on ne travaille pas chaque jour à les augmenter. Eh oui, par la prière, la méditation, la contemplation, il faut sans cesse se lier à la Source inépuisable de la vie, la Source divine, afin de renouveler chaque jour les énergies qui nous permettront d'accomplir notre tâche.

Dans le livre de la *Genèse* il est dit que Dieu *« souffla dans les narines d'Adam un souffle de vie »* et que *« l'homme devint un être vivant »*. La vie de l'homme a donc commencé par un souffle donné par Dieu. Et il est vrai que pour tout être humain la vie commence par une inspiration. Dès que l'enfant a quitté le sein de sa mère, la première chose qu'il doit faire pour devenir vraiment un habitant de la terre, c'est de prendre une inspiration : il ouvre sa petite bouche, il crie, tous l'entendent et se réjouissent en pensant que, ça y est, il est vivant ! Car c'est grâce à cette inspiration que ses poumons s'emplissent d'air et se mettent en mouvement. Et inversement, quand on dit d'un homme qu'il a rendu son dernier soupir, tout le monde comprend qu'il est mort. Le souffle, c'est le commencement et la fin. La vie commence par une inspiration, elle finit par une expiration, et entre ces deux moments extrêmes, c'est par une longue succession d'inspirations et d'expirations que nous entretenons la vie en nous.

Le bruit comme le silence sont des langages. Le silence est le langage de la perfection, alors que le bruit est l'expression d'une défectuosité, d'une anomalie, d'une vie instinctive, désordonnée, qui a besoin d'être maîtrisée et élaborée. Les enfants par exemple sont bruyants parce qu'ils débordent d'énergie et de vitalité. Au contraire, les gens âgés sont silencieux. Vous direz bien sûr que si les gens âgés sont silencieux, c'est parce que leurs forces ont diminué et que le bruit les fatigue. C'est un peu vrai, mais il se peut aussi qu'ils aient évolué, qu'ils se soient approfondis, et c'est leur esprit qui les pousse à entrer maintenant dans le silence. Pour réviser leur vie, réfléchir, tirer des leçons, ils ont besoin de ce silence où se fait tout un travail de détachement, de simplification, de synthèse. La recherche du silence est un processus intérieur qui conduit les êtres vers la lumière et la véritable compréhension des choses.

Quelqu'un dit : « Je crois en Dieu », mais on ne constate aucun bon effet de cette foi. Comment se fait-il que le Seigneur se manifeste de manière tellement faible, inutile et inefficace dans cet être ? S'Il lui apporte si peu de chose, ça ne vaut même pas la peine qu'il croie en Lui ! On comprend les athées : quand ils voient les maigres résultats que produit la foi chez tellement de croyants, ils concluent qu'il est aussi bien de se débrouiller sans Dieu. À quoi sert, en effet, de célébrer un Dieu de justice et d'amour et de prier pour la venue de son Royaume sur la terre, si à côté on trouve normal de continuer à vivre dans l'égoïsme, la haine et les affrontements ?

En réalité tous les êtres humains portent la loi divine inscrite en eux. Mais très peu nombreux sont ceux qui, ayant commencé un travail intérieur, parviennent à dissiper les obscurités de leur vie psychique et lisent chaque jour cette loi dans leur cœur.

L'orgueilleux est celui qui s'imagine qu'il ne dépend de rien ni de personne, exactement comme une lampe qui prétendrait donner de la lumière en oubliant que c'est la centrale électrique qui lui fournit le courant. L'homme humble, au contraire, sait qu'il n'est pas un être isolé, que rien ne dépend de lui et que s'il ne reste pas lié au Ciel, il n'aura ni force, ni lumière, ni sagesse ; il sent qu'il est le maillon d'une chaîne infinie, le conducteur d'une énergie cosmique qui vient de très loin et qui, à travers lui, coule vers tous les autres hommes. Et tandis que l'orgueilleux qui croit ne dépendre que de lui-même en oubliant l'origine des courants qui se manifestent à travers lui, finit, tôt ou tard, par tout perdre, l'homme humble est une vallée arrosée par l'eau qui descend des sommets pour fertiliser les plaines : il reçoit les forces jaillissantes de la montagne et il connaît alors l'abondance. On n'a pas encore compris toute la richesse de l'humilité.

Nous avons le droit d'apporter des changements et des réformes, de bouleverser l'ordre établi, l'Intelligence cosmique nous donne ce droit, oui, mais à condition que nous soyons capables de n'apporter que des améliorations. Est-il permis de démolir la maison de son voisin ? Oui, si on peut lui en bâtir une autre plus spacieuse, plus belle et plus confortable. Si on ne peut pas, il est interdit de toucher à sa maison. Vous demandez : « Et aurions-nous le droit de tuer quelqu'un ? » Oui, si vous aviez ensuite le pouvoir de le ressusciter avec un cœur et un intellect meilleurs, et une meilleure santé. Mais comme ce n'est pas le cas, asseyez-vous et restez tranquille. Il vous est même interdit de toucher à un seul de ses cheveux. Eh oui, voilà une question très vaste. C'est donc à vous maintenant d'étudier si vous pouvez ou non vous mêler d'apporter des changements. Commencez par faire quelques réformes en vous-même, tâchez de vous améliorer, et il sera toujours assez tôt pour décider d'aller réformer le monde.

Il est écrit qu'au jour du Jugement, Dieu séparera les bons des méchants : Il mettra les bons à sa droite pour qu'ils prennent possession de son Royaume, et les mauvais, placés à sa gauche seront précipités dans le feu de l'enfer. Évidemment, ce sont là des images qu'il faut interpréter. Dieu, notre Père, qui est amour, voudrait que tous les êtres soient à son côté droit, c'est-à-dire dans la félicité et la plénitude. Mais il y a la Mère Nature qui, elle, est juste et implacable, et devant les méchants elle dit : « Je ne peux rien faire avec ces matériaux ternes et tordus. Allez, qu'ils soient renvoyés à l'usine pour être refondus ! » Et de ce qui sort après cette refonte, elle fait des créations formidables : des perles, des étoiles, des mondes tout entiers. Il n'y a en elle aucune méchanceté.

Que fait le bijoutier ? Armé d'une loupe et d'autres instruments, il examine les pierres précieuses et il dit : « Ce diamant est parfait. Celui-là a quelques taches, il n'est pas de la première qualité », et il le met de côté, il fait un triage. Partout, dans tous les domaines, que ce soit les fruits de la terre ou les matières premières, les humains font un triage. Eh bien, dans un autre domaine c'est ce que fait la Nature avec les humains.

L'intelligence humaine est une manifestation de l'Intelligence cosmique, mais une manifestation très imparfaite, car en passant à travers des cerveaux et des cœurs continuellement en proie au désordre des passions, elle se trouve limitée, obscurcie. L'Intelligence cosmique ne peut pas se manifester parfaitement à travers un être qui ne sait pas encore maîtriser ses mouvements instinctifs ; mais plus il se domine et se purifie, plus il devient le conducteur de cette Intelligence.

L'intelligence de l'homme n'est donc pas uniquement le produit de ses études et de ses réflexions, elle est la conséquence de l'état dans lequel se trouvent toutes les cellules de son corps. Il doit donc veiller à les garder dans l'équilibre, l'harmonie, en faisant attention à la qualité de sa nourriture physique, mais surtout psychique (ses sensations, ses sentiments, ses désirs, ses pensées), sinon il restera fermé aux plus grandes révélations. Il n'existe pas d'autre moyen pour améliorer son intelligence que d'améliorer sa façon de vivre ; les Initiés l'ont toujours cru, ils l'ont toujours su, et ils ont toujours travaillé dans ce sens.

Tant que vous mettrez votre confiance dans les réalisations matérielles, vous finirez par éprouver des déceptions. Pourquoi ? Parce que, étant donné leur nature, ces acquisitions ne sont pas durables. Alors, laissez un peu ces préoccupations de côté et mettez-vous au travail afin d'atteindre l'Être le plus inaccessible, Dieu Lui-même, c'est-à-dire votre Moi supérieur, pour qu'il descende se manifester en vous… Et alors là, oui, vous connaîtrez les véritables réalisations, les réalisations intérieures, dans la conscience, et ces réalisations sont non seulement immédiates mais durables. Pour parvenir à de telles réalisations, concentrez-vous sur un idéal sublime dont vous savez d'avance qu'il ne se matérialisera peut-être jamais dans le plan physique ; mais, intérieurement, vous sentirez cette réalisation, vous la vivrez à l'instant même, et elle ne vous quittera plus.

Le nombre 13, entend-on dire souvent, porte malheur, et en particulier quand il s'agit de personnes qui se réunissent. C'est pourquoi il ne faut jamais être 13 à table. Pourquoi ? Parce que le nombre 13, qui est une entité vivante comme tous les nombres, ne reconnaît et n'accepte que les êtres vraiment purs. Et comme il est aussi très actif, très dynamique, il peut nuire aux créatures qui ne possèdent pas les qualités féminines de bonté, d'amour et de douceur pour équilibrer son influence. Il faut être pur et plein d'amour pour se sentir bien avec le nombre 13.

Dans le plan physique, le nombre 13 est lié à la croix (1 + 3 = 4), c'est-à-dire aux souffrances, à la prison. La croix est le développement du cube dans l'espace à deux dimensions, et un cube, schématiquement, représente des limitations, une prison. Le 13 peut donc « porter malheur » comme on dit ; cela ne tient pas à lui, mais à la manière particulière dont chacun reçoit son influence d'après sa structure physique et psychique, son degré de développement, d'élévation. C'est pourquoi avec le nombre 13 certaines personnes tombent malades ou ont des accidents, d'autres se mettent à réfléchir ; d'autres enfin se sentent stimulées pour agir et elles agissent bien.

Jésus fustigeait les pharisiens et les sadducéens. Mais s'il revenait, ne ferait-il pas les mêmes reproches aux papes, cardinaux, évêques, etc., qui, depuis des siècles, se sont succédé à la tête de l'Église ? Ils devaient enseigner aux humains à prendre conscience que toutes les ressources et les richesses spirituelles sont en eux-mêmes, et comment les développer. Au lieu de cela, la plupart d'entre eux se sont efforcés d'accaparer la Divinité et ils ont prêché : « Hors de l'Église, pas de salut. » Je veux bien, ce n'était pas si mauvais, mais à condition que l'Église montre l'exemple en sachant donner la première place aux principes spirituels. La vérité, c'est qu'elle s'est laissée aller aux mêmes erreurs que les royaumes de la terre, elle a voulu devenir une puissance temporelle, et a mis l'accent sur l'organisation. Alors, maintenant c'est sûr, l'Église est extérieurement un édifice magnifiquement organisé, mais à l'intérieur de cet édifice, combien de choses s'effritent et périclitent et continueront à péricliter si elle ne retrouve pas sa véritable vocation spirituelle !

Quand ils doivent entrer dans une mosquée, les musulmans ôtent leurs chaussures et les laissent à la porte. Eh bien, c'est ce que vous devez faire de temps à autre avec vos soucis : les laisser dehors et entrer en vous-même pour vous entretenir avec le Seigneur, avec les anges. Vous reprendrez vos soucis en sortant, si vous y tenez ! Il y a des personnes dont on a l'impression qu'elles ne peuvent pas vivre sans inquiétudes, il faut qu'elles se tourmentent. Mais qu'elles se rassurent, il y aura toujours des soucis et des chagrins pour elles, elles n'en manqueront pas. Pourquoi n'essaient-elles pas de temps en temps de les oublier ? Même si elles s'en plaignent, on dirait que pour elles la vie doit être faite de tracas, de heurts, de malentendus. Eh bien non, justement, ce n'est là qu'un degré inférieur de la vie, ce n'est pas la vraie vie. La vraie vie, c'est de laisser de côté tout ce qui est négatif et d'entrer dans votre sanctuaire intérieur pour communier avec la beauté, la pureté, la lumière.

La plupart des gens sont tout à fait prêts à admettre que, pour réussir dans le plan matériel, il faut être convaincu et travailler sans vouloir brûler les étapes ; et pourtant, ils s'imaginent que dans le plan spirituel on peut facilement et rapidement obtenir des résultats. Quelle erreur ! Il faut d'abord se mettre au travail sans jamais relâcher son effort. Ensuite, il ne faut pas être pressé, parce que la réalisation de chaque grande chose est une entreprise de longue haleine pour laquelle on ne doit pas compter son temps. Enfin, il faut être convaincu que ce que l'on entreprend ainsi donnera un jour des résultats, car la nature est fidèle et véridique et les lois qui la régissent ne peuvent jamais être prises en défaut.

Le travail, le temps, la foi. Vous ne soupçonnez pas la richesse contenue dans ces trois mots. On peut, bien sûr aussi, les présenter dans un autre ordre : la foi, le travail, le temps, etc. L'essentiel, c'est de comprendre que ces trois facteurs sont liés et comment ils sont liés.

Nous avons naturellement tendance à identifier Dieu au bien. Mais, en réalité, non, le bien n'est pas encore Dieu Lui-même ; il est une manifestation de Dieu, mais il n'est pas Dieu. Dieu est au-dessus du bien et du mal, et nous ne pouvons pas savoir ce qu'Il est réellement. Mais puisque le bien est pour nous la plus haute manifestation de Dieu, en pensant au bien nous nous lions à Lui : notre conscience sort de la région des ténèbres où sont les souffrances, les angoisses, les terreurs et elle va rejoindre le Centre, le Principe créateur. Puisque c'est Dieu qui a tout créé, Il connaît les propriétés de tous les éléments, de toutes les forces, de toutes les créatures dans l'univers et Il nous donnera les moyens de remédier à nos lacunes. La création est vaste, immense, infinie, et nous ne pouvons pas tout savoir. Mais le Créateur possède tout le savoir, tous les pouvoirs, et c'est donc à Lui que nous devons recourir pour demander de l'aide, car Il est au-dessus du bien et du mal.

Tout être humain parvenu à une certaine maturité psychique et capable de se débrouiller matériellement peut, et même doit se libérer peu à peu de la tutelle de ses parents pour mener une vie autonome. Mais parvenir à la maturité spirituelle n'est pas aussi facile et demande beaucoup plus de temps. Celui qui veut se développer spirituellement a aussi besoin de parents, il doit faire confiance à tous les êtres qui l'ont précédé sur le chemin de la lumière. Ces êtres lui ont légué un immense savoir qui est le fruit d'expériences millénaires ; c'est à lui maintenant de s'ouvrir pour accepter leurs conseils et les imiter. Voilà pourquoi Jésus disait : *« Si vous ne devenez pas comme des enfants, vous n'entrerez pas dans le Royaume des cieux. »*

Dans l'état actuel du développement de la terre et des humains, nous ne pouvons pas ne pas rencontrer le mal et la souffrance ; c'est pour cette raison que, dans l'univers, la terre est considérée comme une école, un centre d'apprentissage pour ceux qui acceptent de s'instruire, mais aussi une maison de correction pour les récalcitrants. Oui, la terre est un lieu où se fait notre évolution, et pour évoluer, il faut apprendre à travailler avec toutes les formes du mal, donc connaître les difficultés et les souffrances.

Alors, au lieu de se lamenter en disant que la terre est une vallée de larmes, il faut se secouer et travailler à se perfectionner. Sinon, à quoi aura servi de vivre ? Non seulement on aura souffert, mais encore on n'aura rien appris, rien compris.

La magie noire existe, je le sais. Mais, ce que je sais surtout, c'est que par notre façon de considérer les choses, nous avons le pouvoir de les amplifier ou de les diminuer. Puisque la magie noire existe – et admettons même que des gens mal intentionnés veuillent vous attaquer par ce moyen-là – eh bien, si vous accordez tellement de foi à son pouvoir, vous la renforcez. Mais dites-vous que le fils de Dieu, la fille de Dieu que vous êtes ne peut pas être atteint si facilement par les forces du mal, et vous passerez au travers. Alors, je vous en prie, si vous avez à subir un échec, une maladie, un accident, une rupture, ne vous empressez pas de les attribuer à la magie noire ; essayez d'abord de vous demander sincèrement si la cause n'en est pas en vous et cherchez ce que vous devez faire pour améliorer les choses. Ne perdez pas un temps précieux dans des élucubrations qui ne vous mèneront à rien, sauf à aggraver vos malheurs.

Il n'y a pas de quoi être tellement admiratif de tous ces gens brillants, opulents, puissants, qui ne donnent aucune place à la vie de l'âme et de l'esprit. Comme ils ne cherchent pas une nourriture spirituelle, la seule qui pourrait les combler, ils sont comme des fauves affamés, et leurs ambitions, leurs convoitises, leur voracité finissent fatalement par les entraîner sur des chemins dangereux pour eux-mêmes et pour leur entourage.

Malheureusement, beaucoup de soi-disant spiritualistes ne se conduisent pas mieux : ils essaient d'arriver aux mêmes succès que les matérialistes par les moyens que leur donne la Science initiatique ; ils sont donc encore plus coupables que les matérialistes, car ils bafouent ainsi les principes les plus sacrés. Ils sont, ça se voit, satisfaits et fiers de réussir par ces moyens-là ; mais le Ciel, qui n'aime pas qu'on se serve de lui à des fins égoïstes, intéressées, leur demandera un jour des comptes, et ils seront très sévèrement punis.

Dans l'univers, c'est tous les jours que se célèbrent les noces de l'esprit et de la matière, du Ciel et de la terre. Alors, soyez attentifs afin d'être admis à participer à ces fêtes que sont en train de donner le Père céleste (l'esprit) et la Mère divine (la matière) entourés de toutes les hiérarchies angéliques. Vous vous imaginez qu'il suffit de vouloir participer à ces fêtes pour y être admis ? Eh bien, non, pour être admis, il faut remplir certaines conditions. À celui qui veut entrer sans être préparé, il arrive exactement la même mésaventure qu'à cet homme que mentionne Jésus dans une parabole : il s'était présenté au festin sans avoir revêtu une robe de cérémonie et il n'a pas été accepté. Cette robe justement est un symbole : celui des qualités et vertus qu'il faut avoir développées pour pouvoir être admis à la table du festin divin : le désintéressement, la pureté, la bonté… Peut-être ne vous invitera-t-on pas à vous asseoir à la droite du Maître de maison, mais cela ne fait rien ; même à l'autre bout de la table, cela vaut la peine d'avoir une petite place pour assister au festin.

Quand un médecin prescrit des médicaments à ses malades, est-ce qu'il leur explique que l'état d'esprit dans lequel ils les prendront peut contribuer à leur efficacité ? Non, il fait comme si l'être humain n'était qu'une machine qu'il faut remettre en état. Un bon médecin, au contraire, indique aussi à ses malades des règles de vie et même des méthodes, des exercices à faire grâce auxquels ils introduiront en eux-mêmes l'équilibre, la paix et l'harmonie. Et même si ces méthodes se révèlent insuffisantes, parce que le malade est trop gravement atteint, au moins aura-t-il employé le temps qui lui restait à vivre dans des activités bénéfiques. C'est cela l'essentiel : trouver toujours une activité bénéfique à laquelle se consacrer, car rien ne reste sans conséquences, sinon dans le monde physique, du moins dans le monde psychique, spirituel.

Nous ne pouvons toucher Dieu, l'Esprit cosmique, qu'en touchant l'esprit en nous, notre Moi supérieur. Donc, comprenez bien ceci : lorsque vous priez le Seigneur, c'est en réalité le sommet de votre être que vous cherchez à atteindre. Et si vous y parvenez, vous déclenchez une vibration tellement pure et subtile qu'en se propageant elle produit en vous les transformations les plus bénéfiques. Et même si vous n'obtenez pas pour cette fois ce que vous avez demandé, vous gagnez au moins quelques éléments très précieux. L'utilité de cette demande, c'est que vous avez essayé d'atteindre un sommet en vous-même et que vous avez pu mettre en mouvement une force là-bas, très loin, très haut, qui, en venant jusqu'à vous, produit des vibrations d'une extrême subtilité, des sons, des parfums, des couleurs, et régénère tout votre être.

Il n'est évidemment pas répréhensible de manifester de l'intérêt et de la compréhension pour les diverses formes de la spiritualité. Ce qui est dangereux, c'est de s'éparpiller, de ne jamais choisir une méthode de travail intérieur pour s'y tenir. La question n'est même pas de savoir s'il faut être catholique, protestant, orthodoxe, musulman, bouddhiste, taoïste ou rien de tout cela. La question – et elle se pose à chacun, croyant ou incroyant – est de s'arrêter sur quelques vérités spirituelles essentielles et de s'appliquer à les mettre en pratique. Car la spiritualité n'est pas un domaine facultatif que l'on peut choisir ou ne pas choisir, comme on le fait pour d'autres disciplines : les langues, l'art, le sport, etc. Étant donné la structure de l'être humain, la spiritualité est pour lui une nécessité vitale, et tant qu'il ne prendra pas conscience de cette nécessité, il va se jeter dans des activités absurdes et dangereuses pour lui-même et pour les autres. Tel qu'il est construit, il a un besoin essentiel de trouver une nourriture pour son âme et son esprit.

Dieu est la source unique de la vie, c'est Lui qui a tout créé, et rien ni personne n'existe en dehors de Lui. Tout être vivant vit de la vie de Dieu. Il faut donc accepter l'idée que même ces êtres que l'on appelle les démons ont aussi reçu la vie de Lui. Car ils vivent, on ne peut pas le nier, et puisque Dieu ne leur retire pas la vie, c'est qu'Il accepte leur existence. Si les entités ténébreuses ne tenaient pas leur vie de Dieu, qui la leur aurait donnée ? Auraient-elles pu la créer elles-mêmes ? Ou l'auraient-elles reçue d'un autre Créateur ?

La lumière, l'amour, la patience de Dieu alimentent toutes les créatures. Évidemment, celles qui ne restent pas auprès de Lui se privent de ses bénédictions. Mais ce sont elles qui s'en privent, ce n'est pas le Seigneur qui les leur a retirées.

Dieu n'est pas là pour répondre aux besoins de facilité, de tranquillité et de bien-être des humains, Il ne se préoccupe que de ce qui les fera grandir. Mais voilà qu'ils confondent tout. Ils prient... c'est très bien, la prière représente une force, mais il faut savoir à quoi elle doit servir, dans quel but et quand l'utiliser. Alors, quand vous souffrez, demandez seulement au Seigneur de vous enseigner à supporter cette souffrance, afin d'en extraire tous les bienfaits. La raison d'être de la souffrance n'est pas de nous faire du mal, mais de nous apprendre où est le vrai bien et de nous rendre ainsi plus forts, plus intelligents, plus vivants. Répétez-vous chaque jour que la souffrance cache un grand savoir à acquérir. Et en vous parlant ainsi, sachez que je me parle aussi à moi-même, car tous, sans exception, nous avons à nous perfectionner.

Celui qui veut réellement progresser sur le chemin divin tâche de rester à l'écart, dans l'ombre, le plus longtemps possible. Non seulement il ne se pousse pas à l'avant, mais il n'est pas non plus pressé d'y être poussé par d'autres sous prétexte qu'ils ont reconnu en lui une autorité spirituelle. Pour accepter le rôle de guide spirituel, il faut être psychiquement très bien armé et très bien protégé, ce qui nécessite plusieurs incarnations de discipline et d'efforts. Rien n'est plus difficile que de guider les humains dans leur vie intérieure. Celui qui n'est pas suffisamment préparé ne peut que rencontrer des difficultés et recevoir des chocs : les autres exigent trop de lui, et comme il n'est pas en état de répondre à ces exigences, il est continuellement exposé aux critiques, aux reproches, aux menaces même ; sa vie devient un enfer. Plus que tout autre responsabilité celle de guide spirituel demande une longue préparation.

Nous ne pouvons pas vivre sans faire des échanges avec le monde qui nous entoure. À commencer par la respiration et la nutrition, notre vie n'est faite que d'échanges ; les organes des sens, le toucher, le goût, l'odorat, l'ouïe, la vue nous ont été donnés par la nature afin que nous puissions faire des échanges. Et notre vie affective, intellectuelle consiste également en rencontres, en échanges : par des paroles, par des sentiments, par des pensées, nous ne cessons de tisser un réseau de communications qui est la base de la vie familiale, sociale. Mais si les humains ne retirent pas encore tellement de bénédictions de ces échanges, c'est qu'ils ne dépassent pas souvent le niveau de l'instinct, de l'inconscient, comme chez les plantes ou les animaux. Les plantes et les animaux aussi respirent et se nourrissent ; les animaux aussi possèdent des organes des sens et parfois même mieux développés que chez l'homme ; et ils ont également une vie familiale et sociale. Il appartient donc maintenant à l'homme de rendre les échanges qu'il fait, avec la nature et les êtres qu'il rencontre, toujours plus conscients, plus profonds et plus riches.

Vous êtes tous habités par une flamme, une aspiration divine, et, si faible soit-elle, il est en votre pouvoir de l'alimenter pour qu'elle devienne un brasier gigantesque. Quand vous commencez à sentir cette flamme brûler en vous, soyez prudents, ne l'exposez pas à tous les courants d'air qui pourraient l'éteindre. C'est-à-dire ne fréquentez pas n'importe qui, ne lisez pas n'importe quoi, n'allez pas voir n'importe quel spectacle : choisissez des nourritures bonnes pour le cœur, pour l'intelligence, pour l'esprit, des nourritures qui vous renforcent intérieurement. Quand vous serez vraiment forts, vous pourrez tout affronter, et les mêmes conditions ou rencontres qui vous auraient démolis auparavant augmenteront au contraire votre lumière et votre paix. Lorsqu'une flamme a trouvé suffisamment de nourriture pour devenir un brasier, le vent ne l'éteint plus. Au contraire, il ne fait que l'attiser.

Celui qui accepte les difficultés et les épreuves libère les puissances de son âme et de son esprit et, après quelque temps, il se rend compte que ces épreuves ont produit en lui quelque chose de magnifique. Comprenez bien que c'est cela le véritable travail alchimique : arriver à tirer de la matière brute, noire, informe de la souffrance, une matière précieuse, chatoyante, irisée, resplendissant de mille couleurs. Ceux qui ne savent pas souffrir ressemblent à des chantiers laissés à l'abandon ; lorsqu'ils veulent s'exprimer, ils ne savent pas de quels matériaux se servir et ils ne connaîtront rien de cette vie de l'âme et de l'esprit, de son immensité, de ses profondeurs, de ses sommets. Seul celui qui sait souffrir peut devenir créateur.

Vouloir posséder des privilèges et des pouvoirs que les autres ne possèdent pas est une tendance innée de la nature humaine. Et il y a de multiples façons de s'imposer aux autres : si on ne peut pas y arriver dans le plan physique, on essaie dans le plan psychique. C'est ainsi que des gens ambitieux, cupides, fanatiques, se sont servis de la religion pour imposer aux humains une domination psychique qu'ils ne pouvaient leur imposer autrement. On est donc obligé de constater que la religion est devenue, trop souvent, une institution humaine qui n'a plus grand-chose à voir avec la spiritualité et qu'elle ne peut plus faire le salut des croyants.

Heureusement, le Créateur a marqué l'être humain de son sceau. Il porte cette empreinte profondément inscrite en lui, c'est elle qui lui permet, quand il le souhaite vraiment, de découvrir dans son cœur et dans son âme ce que la religion ne se préoccupe pas tellement de révéler. Qu'il cherche cette empreinte et il trouvera le salut.

À la fin d'une lettre, d'une circulaire, etc., l'auteur appose sa signature pour montrer qu'il reconnaît en être responsable. Mais alors, d'où vient cette habitude tellement répandue des signatures compliquées et illisibles ? Ceux qui signent de cette façon ne savent même pas pourquoi ils le font. Eh bien, tout simplement parce qu'au fond d'eux-mêmes ils nourrissent des tendances obscures qui ne veulent pas être découvertes. Ce sont elles qui les poussent à se camoufler, au point qu'on ne peut même pas savoir qui ils sont, comment ils s'appellent. Et ne dites pas qu'une signature est un détail sans importance. Au contraire, c'est très important, puisqu'elle représente l'homme lui-même. Une signature doit montrer que tout en lui est clair, droit, franc. Pourquoi embrouiller, raturer, gribouiller son nom ? C'est très mauvais signe. En faisant cela, l'homme attire des forces chaotiques qui vont le démolir. Et comment peut-il prétendre résoudre les problèmes d'une famille, d'une entreprise, d'un pays, s'il ne sait même pas qu'il doit écrire clairement son nom ?

Chacun doit faire son possible pour préserver les liens qui l'unissent à tous les membres de sa famille. Mais la famille n'est pas un but, une fin en soi ; elle n'est qu'un point de départ, une base destinée à assurer une forme de stabilité. Ceux qui se concentrent sur leur famille et ne travaillent que pour elle, en oubliant les autres ou même en les combattant pour mieux protéger leurs parents ou leurs enfants, ne se rendent pas compte qu'ils sont en train de créer des conditions pour l'incompréhension et l'hostilité entre toutes les familles, et cela finit par ressembler à une lutte de clans, de tribus. Mais le pire, c'est qu'avec cet état d'esprit, ils ne contribuent même pas au bonheur de leur propre famille. La preuve : à l'heure actuelle, on voit de plus en plus de familles se disloquer. Après quelque temps, les parents se séparent pour nouer d'autres liens ailleurs, et les enfants se retrouvent avec un père d'un côté, une mère de l'autre, des demi-frères, des demi-sœurs… Alors, où est la stabilité que doit donner la famille ? Et est-ce vraiment cela, le bonheur de la famille ?…

Quand tout le monde autour de vous revendique la liberté sexuelle et justifie ces revendications par des arguments apparemment très valables, il ne vous plaît pas tellement, n'est-ce pas, d'entendre parler de maîtrise ? Que vous n'ayez pas envie d'être privé de plaisirs, je comprends ; mais essayez au moins de voir quels avantages on trouve à renoncer à certains d'entre eux. Il ne s'agit pas de se priver pour ne plus rien avoir et se retrouver dans le vide ; il s'agit de comprendre qu'on a avantage à remplacer certains plaisirs grossiers par d'autres plus subtils, plus spirituels. Lorsqu'un médecin constate qu'un patient est en train de s'abîmer la santé par des excès de charcuterie, de sucreries, d'alcool, il ne lui conseille pas de ne plus rien manger ! Il sait bien que l'autre de toute façon ne suivrait pas ce conseil ; ou même pire, s'il le suivait, il mourrait. Il lui prescrit donc de remplacer ces nourritures par d'autres plus saines, plus légères. Eh bien, voilà ce que je vous conseille moi aussi, mais dans un autre domaine. Je ne vous pousse pas à mourir de faim, mais à vous nourrir différemment pour améliorer votre santé spirituelle.

Il vous arrive de vivre des moments qui sont comme des bénédictions que vous recevez du Ciel… Gardez-en précieusement l'empreinte, en sachant que le bonheur véritable est dans une constante attention portée aux belles choses, dans la sensibilité à tout ce qui est divin. Lorsque vous sentez que l'esprit, la lumière vous a visité, ne vous montrez pas négligent, ne laissez pas s'effacer ces impressions en pensant immédiatement à autre chose ; arrêtez-vous un long moment sur elles pour qu'elles pénètrent profondément en vous. Elles laisseront ainsi dans votre âme des traces pour l'éternité et ces traces ne cesseront de vous inspirer. C'est une habitude à prendre : au lieu de toujours vous appesantir sur des états négatifs, les déceptions, les animosités, pour les alimenter, les renforcer, laissez-les de côté, concentrez-vous sur tout ce qui vous arrive de bon, de pur, de lumineux.

Dans le plan physique, évidemment, la femme est plus faible que l'homme ; mais la puissance de la femme est immense. Cette puissance se trouve dans un magnétisme spécial qu'elle possède sous forme de petites particules subtiles qui s'échappent d'elle. Ce n'est pas dans le plan physique que la femme a le plus de pouvoir, mais dans le domaine des émanations éthériques, et si certains hommes voient en elle une sorcière, une magicienne ou une fée, c'est à cause de ce magnétisme que lui a donné la nature. Grâce à ces émanations, les femmes sont même capables de former des corps de nature éthérique. Qu'un Être supérieur, un Sauveur du monde donne le germe d'une réalisation sublime, le Royaume de Dieu sur la terre, et toutes les femmes ensemble pourront grâce à leurs émanations construire le corps de cet enfant collectif. Si de plus en plus de femmes dans le monde devenaient conscientes de leurs possibilités et se mettaient au travail, grâce à leurs émanations subtiles elles contribueraient à la formation d'un nouveau corps collectif : le Royaume de Dieu et sa Justice.

Si je vous dis que vous devez apprendre à marcher avec vos deux jambes, vous me répondrez que vous l'avez toujours fait. Non, je ne vous vois pas marcher, mais sauter sans arrêt sur une jambe ou sur une autre : les sentimentaux sur la jambe gauche – ils ne réfléchissent pas – et les intellectuels sur la jambe droite – leur cœur est fermé, barricadé. Donc, tous des unijambistes !

Vous croyez savoir les choses, mais vous ne les savez pas vraiment. Si vous saviez que vous avez deux jambes pour avancer, vous utiliseriez l'une et l'autre. Or, vous restez toujours perché sur une seule, et même, vous sortez vous promener comme ça, en sautillant. Il faut donc se poser la question : « Pourquoi la nature nous a-t-elle appris à marcher en avançant tantôt le pied gauche, tantôt le pied droit ? » La réponse est simple : c'est que nous devons agir tantôt avec le cœur, tantôt avec l'intellect. On doit savoir faire alterner dans sa conduite les deux principes masculin et féminin, et sentir à quel moment changer de polarisation. Beaucoup d'obstacles s'aplaniront devant vous quand vous saurez marcher avec vos deux jambes.

C'est souvent à l'approche de la vieillesse que des hommes et des femmes découvrent dans une philosophie, dans un enseignement spirituel les vérités dont ils auraient eu tellement besoin pour conduire leur vie ; et ils se disent qu'ils ont gâché leur existence. Non, ils ne doivent pas se dire cela. Évidemment, il est préférable de rencontrer très tôt la lumière pour être capable de s'orienter dans la vie, mais rien n'est perdu, et même pour celui qui n'a plus que peu de temps à vivre, il n'est pas trop tard pour apprendre les vérités essentielles et s'en pénétrer afin de quitter la terre avec une conscience plus éveillée. C'est là la plus grande différence entre la vie physique et la vie spirituelle. Si vous n'avez jamais appris à jouer d'un instrument, à piloter un hélicoptère ou même seulement à coudre et à tricoter, ce n'est peut-être pas à quatre-vingts ans que vous allez commencer. Mais pour comprendre les lois qui régissent le monde de l'âme et de l'esprit, il n'est jamais trop tard. Tous les efforts que vous ferez dans ce sens, non seulement vous faciliteront l'entrée dans la lumière de l'autre monde, mais vous permettront de préparer votre prochaine incarnation.

Le jardinier qui ne voit pas pousser les légumes qu'il n'a pas semés, ne s'étonne pas. Il se dit simplement : « C'est normal, mon vieux. Puisque tu n'as pas eu le temps de semer des carottes, tu n'as pas de carottes. Mais tu peux avoir des salades, du persil et des oignons puisque tu les as semés. » Eh oui, quand il s'agit de fruits et de légumes, les humains raisonnent correctement. Mais dès qu'il s'agit du domaine moral, psychique, ils ne savent plus rien : ils croient qu'ils vont récolter le bonheur, la joie, la paix, tout en semant la violence, la cruauté et la méchanceté. Eh non, ils récolteront aussi la violence, la cruauté et la méchanceté. Mais comme ils ne comprennent pas, ils s'étonnent et se révoltent contre ce qui leur arrive. Alors, maintenant, qu'ils apprennent à se surveiller afin de ne répandre par leurs paroles, leurs sentiments et leurs pensées, que des semences de lumière et d'amour et ils auront une meilleure destinée.

Celui qui décide d'entreprendre un travail spirituel doit comprendre que ce travail concerne une matière extrêmement subtile qui échappe à tous nos moyens d'investigation habituels. Mais les résultats qu'il est possible d'obtenir dans le plan spirituel sont tout aussi réels que ceux qu'on peut obtenir dans le plan physique. Autant, dans le plan physique, il est réel que vous sciez du bois ou que vous préparez un potage, autant dans le plan spirituel il est réel aussi que vous déclenchez des forces, orientez des courants, éclairez des consciences. Un jour ou l'autre les résultats sont là, mais ils se produisent d'abord dans les plans subtils. Celui qui ne connaît pas ces lois s'attend à voir tout de suite les résultats concrets de son travail intérieur. Comme il ne voit rien venir, il est déçu et cette déception peut l'amener à détruire ce qu'il a déjà construit. Mais vous, maintenant, vous savez, et vous ne vous découragerez pas.

On est parfois frappé par le visage de ceux qui, ayant eu à affronter les intrigues et les trahisons de leur entourage, ont réussi à surmonter cette épreuve : leur regard, leurs expressions manifestent la richesse de leur vie intérieure. Ils n'ont donc presque rien perdu ; ou alors, pour prendre une image dans le domaine de la banque, on peut dire qu'ils ont seulement perdu les intérêts, mais leur capital reste intact. Oui, observez et comparez ceux qui se livrent tout entiers à leurs déceptions avec ceux qui arrivent à les surmonter… Quelle différence ! En se laissant aller au découragement, les uns ont perdu leur vrai trésor ; les autres au contraire sont en train de le regagner cent fois, mille fois : ils sont vivants, chaleureux et toujours prêts à se remettre au travail.

Les humains n'ont pas encore vraiment résolu les problèmes de la vie collective. Si, extérieurement, ils ont formé des nations, organisé des sociétés dont les membres se soutiennent, et où tous sont au service de tous et peuvent profiter de tout, intérieurement ils restent isolés, agressifs, hostiles les uns envers les autres. Tous ces progrès qu'ils sont arrivés à réaliser dans la vie matérielle, pratique, dans le domaine de l'organisation et de la technique, ils n'ont pas su les transposer dans le domaine intérieur. C'est pourquoi, malgré tous ces progrès, l'humanité souffre toujours des mêmes maux : guerres, misères, famines, oppressions, et dans des proportions qui étaient encore inconnues jusqu'à aujourd'hui.

Les véritables améliorations ne peuvent se produire que grâce à un profond changement des mentalités. C'est psychiquement, spirituellement, que les humains doivent se sentir liés pour parvenir à former la seule société véritable : la fraternité universelle intérieure. Lorsque chaque individu s'efforcera d'atteindre la conscience supérieure de l'unité, alors les sociétés, les peuples et les nations commenceront à vivre dans la paix et la liberté.

Combien de tragédies sont provoquées par des gens qui, tout en disant qu'ils veulent le bien, sont incapables de réagir raisonnablement devant une petite vexation, une injustice sans gravité ! Ils veulent le bien, mais à la moindre occasion, ils déclenchent des affrontements interminables. La plupart des guerres n'ont pas d'autre origine que des incidents minuscules qu'on n'a pas cherché à maîtriser dès le début et qui ont dégénéré. On le sait, mais est-ce qu'on en tire des leçons pour l'avenir ? Est-ce qu'on se demande : « Voyons, si j'adopte telle attitude, si je prends telle décision, est-ce que je vais contribuer à améliorer les choses ou bien les compliquer davantage ? » Non. Mais est-ce que les humains veulent véritablement le bien ? On se le demande. S'ils le voulaient, ils parviendraient à le réaliser.

Comprendre que vous êtes, chacun, une entité spirituelle qui vit en relation avec l'univers et qui peut tout obtenir dans les mondes infinis de l'âme et de l'esprit… Voilà ce qui donnera un sens à votre existence, et vous n'éprouverez plus le besoin de courir après des acquisitions éphémères. Alors, attention, même si de nos jours la réussite sociale et matérielle apparaît de plus en plus comme la seule chose qui puisse vous garantir la sécurité, ce n'est surtout pas cela que vous devez mettre à la première place, car vous serez un jour ou l'autre obligé d'admettre que c'était une illusion. Si on vous propose une fonction importante dans quelque domaine que ce soit, parce qu'on a reconnu votre valeur et vos compétences, acceptez-la si vous en avez le goût, mais veillez bien à ne pas abandonner l'essentiel : les nourritures de l'âme et de l'esprit.

Il n'est jamais facile de se débarrasser de ses états négatifs. Vous êtes, supposons, envahi par des sentiments de malveillance, de jalousie, de rancune, et quoi que vous essayiez pour les chasser, vous n'y arrivez pas. Alors, que faire ?… Commencez à regarder calmement, à observer toutes ces forces et entités mauvaises, leurs manifestations, leurs manigances. En les observant, déjà vous vous placez au-dessus d'elles. Et alors, voilà ce qui se passe : comme elles sentent la présence d'un regard qui les surveille, qui les analyse, elles sont gênées, car elles n'aiment pas être démasquées. Et si à ce moment-là vous vous liez au Ciel, c'est comme si vous projetiez sur elles quelques rayons de lumière, elles commencent à se disperser, la lumière les fait fuir. Évidemment, elles peuvent revenir, et il est même certain qu'elles reviendront ; mais de nouveau vous allez les observer et projeter sur elles des faisceaux lumineux, jusqu'au moment où vous arriverez à vous débarrasser d'elles définitivement. Oui, parce que vous serez arrivé à vous maintenir toujours au-dessus.

Leurs Livres sacrés, l'Ancien et le Nouveau Testament, restent en grande partie étrangers à la compréhension des chrétiens. Ils les respectent, les vénèrent, ils sont persuadés que la Bible est d'inspiration divine, mais tous ces textes écrits il y a si longtemps ne correspondent plus à leur mentalité. Pourquoi ? Parce que les fondateurs des grandes religions, les Initiés du passé ont parlé pour une époque. Même s'il existe un certain nombre de vérités qui restent valables pour l'éternité, elles doivent être, à chaque époque, adaptées aux mentalités des humains. Les prendre à la lettre peut n'avoir comme résultat que de les rendre incompréhensibles ou même choquantes. Jésus lui-même est venu prolonger l'enseignement de Moïse. Il disait : *« Ne croyez pas que je sois venu pour abolir la loi ou les prophètes ; je suis venu non pour abolir, mais pour accomplir. »* Pour demeurer vivante, il faut qu'une religion tienne compte de l'évolution des mentalités, car cette évolution est voulue par Dieu Lui-même.

On a pris l'habitude de séparer le plan physique du plan spirituel ; mais la vérité, c'est qu'il n'existe pas de séparation, il n'existe pas d'interruption : il y a seulement un passage progressif du plan physique au plan éthérique et, encore au-delà, aux plans astral, mental, causal, bouddhique et atmique.* Ce passage se fait par l'intermédiaire de centres et d'organes qui sont, dans le plan subtil, des sortes de prolongement aux centres et organes physiques. On peut considérer ces centres (le plexus solaire, le centre Hara, l'aura, les chakras) comme des transformateurs qui permettent à l'homme de vivre harmonieusement à la fois dans le plan physique et dans les plans psychiques et spirituels, car il se fait un continuel va-et-vient entre ces divers plans. Et c'est cela véritablement, l'alchimie spirituelle : cette transformation progressive de la matière brute en matière fluidique, éthérique, spirituelle ; et, inversement, la diffusion de cette matière spirituelle dans le corps physique, qui est alors vivifié, animé, régénéré.

* Voir note et schéma, p. 376-377.

Chacun vient au monde doté d'une certaine conformation psychique qui le pousse à avoir certaines opinions et certains goûts plutôt que d'autres, ainsi qu'à adopter certains comportements. C'est naturel, c'est normal. Mais on vient aussi au monde avec des facultés de jugement, de raisonnement qui permettent de faire un tri dans tout cela. Alors, au lieu de se laisser emporter par ses impulsions, on doit au moins se dire : « Bon, je vois et je sens les choses d'une certaine façon ; mais il y a peut-être des personnes mieux informées que moi, parce qu'elles ont étudié depuis beaucoup plus longtemps. Pour le moment je ne me prononcerai pas, je vais moi aussi étudier… » Il faut cesser de répéter : « Moi, je pense que… Moi, je trouve que… » avec l'assurance d'être dans le vrai, car même si vos points de vue se justifient, il y a toujours des progrès à faire. Oui, votre jugement et votre conduite peuvent toujours être améliorés.

Pour découvrir la présence de Dieu en nous, le meilleur exercice que nous puissions faire est de chercher à nous identifier à Lui. Mais s'identifier au Seigneur ne consiste pas à se persuader qu'on est parvenu à se hisser jusqu'à Lui et que, de là-haut, on peut se déclarer omniscient et tout-puissant. Celui qui fait cet exercice d'identification doit penser seulement qu'il se laisse envahir par l'immensité de Dieu, qu'il s'efface devant cette immensité. Devant les hommes il est souvent nécessaire de résister, de s'affirmer pour ne pas disparaître. Mais c'est en s'effaçant devant Dieu qu'on s'affermit, qu'on grandit. Dans ce domaine aussi agit la loi de la polarisation : le grand et le petit s'attirent. Dieu, qui est infiniment grand, aime l'infiniment petit. Si vous devenez petit, Dieu vous attire à Lui. C'est l'humilité qui vous permettra de vous fusionner véritablement avec Lui.

On rencontre des personnes qui, tout en se prétendant athées, disent envier ceux qui ont la foi. Mais elles ne vont pas plus loin, elles font comme si avoir ou ne pas avoir la foi était quelque chose qui ne dépendait absolument pas d'elles, comme si la foi était un don que l'on reçoit ou non de la nature. Eh non, en réalité la foi est la cristallisation d'un savoir du passé, elle est fondée sur l'expérience du monde divin, une expérience qui a laissé en chaque être des traces indélébiles et qu'il lui appartient de vivifier.

C'est parce que certaines personnes sentent en elles la présence de pareilles traces qu'elles regrettent de ne pas avoir la foi ; elles comprennent qu'il leur manque quelque chose d'essentiel. Mais si elles ne font rien pour la retrouver, elles souffriront encore longtemps de ce manque, et de plus en plus. Même les plus grands génies des mathématiques ou de la musique, malgré leurs dons, ne seraient arrivés à rien s'ils n'avaient pas travaillé, et avec quel acharnement ! Alors, qu'on ne s'imagine pas qu'en ne faisant rien on peut trouver la foi comme ça, d'un seul coup, sous l'effet d'une grâce divine imprévisible. C'est impossible : même pour avoir la foi, il faut avoir travaillé !

Vous voulez apprendre à jouer d'un instrument de musique : si vous vous attaquez tout de suite à des œuvres compliquées, vous renoncerez très vite à cause des obstacles que vous allez rencontrer. Pour aller loin, il faut commencer lentement et être très attentif. Si en déchiffrant vous faites une faute, déjà elle s'enregistre quelque part dans votre cerveau et vous risquez de la reproduire chaque fois en jouant. Regardez l'artisan graveur qui dessine un motif sur une plaque de métal : si son premier geste n'est pas correct, cette erreur une fois commise, son burin entrera automatiquement dans le mauvais sillon, il ne pourra plus rien redresser. Pour que la première empreinte soit parfaite, il doit l'exécuter lentement, attentivement. Alors, la seconde, plus rapide, réussira, la troisième aussi, etc. Il en va exactement de même avec le travail psychique. Il faut commencer lentement en faisant très attention à ne pas bifurquer, sinon, quel travail ensuite, quels efforts pour revenir sur la bonne voie !

Quoi qu'il vous arrive, ne vous laissez pas troubler ni décourager, mais faites en sorte que votre esprit reprenne peu à peu la maîtrise de la situation. C'est ainsi que vous allez découvrir votre véritable liberté ; car seul l'esprit est véritablement libre, il plane au-dessus des événements. Quand vous redonnez sa place à l'esprit en vous, quelque chose vous dit que ce ne sont pas les obstacles et les contrariétés qui peuvent vous faire perdre votre équilibre, votre paix, votre amour. Au contraire. Puisque les expériences lumineuses que vous avez faites auparavant vous ont appris les valeurs sur lesquelles vous pouviez compter, accrochez-vous à ces expériences, ne mettez pas en doute ce que vous avez vécu de beau et de grand, emportez-le comme un viatique sur ce chemin difficile que vous devez parcourir. Et quand la tourmente sera passée, vous vous rendrez compte que ce qui aurait pu vous faire perdre courage vous a, au contraire, renforcé.

Quelles que soient les fautes que commettent les humains, Dieu ne se détourne pas d'eux et Il ne prend pas non plus de sanctions. C'est eux qui, par leurs erreurs, se détournent de Lui, et en se détournant de Lui ils ne peuvent rencontrer que le froid, l'obscurité, les limitations de toutes sortes. Il faut qu'ils cessent de raisonner comme si les actes qu'ils commettent étaient extérieurs à eux et pouvaient se détacher d'eux. Eh bien, non, qu'ils fassent le bien ou le mal, même si ces actes s'exercent à l'extérieur d'eux-mêmes, ils laissent des traces en eux et ces traces sont indélébiles. Alors, s'ils veulent sentir à nouveau la bienveillance et l'amour divin, ils n'ont qu'une solution : prendre conscience de leurs erreurs et s'efforcer de les réparer.

Jeûner est une pratique religieuse, mais elle a aussi pour but un effet bénéfique sur la santé, car le jeûne purifie l'organisme. Lorsque l'homme mange toujours à satiété, les cellules de son estomac et de tous ses organes deviennent paresseuses. Comme il y a une grande abondance de nourriture, une partie ne peut être absorbée et elle stagne dans les tissus où elle commence à fermenter. Tandis que, pendant le jeûne, les cellules, ne recevant que très peu de nourriture, prennent la décision de devenir plus économes, plus sages et plus actives pour pouvoir se débrouiller. À ce moment-là, il n'y a plus de fermentation dans l'organisme. Il est évident que le jeûne prolongé affaiblit l'organisme ; mais si on sait combien de temps, dans quelles conditions et dans quel état de conscience jeûner, les bénéfices du jeûne sont immenses pour la santé.

Les êtres les plus doués au monde n'arrivent à rien s'ils ne se sont pas exercés, et souvent depuis l'enfance, tous les jours, plusieurs heures par jour afin de développer leurs talents. Le travail, il n'y a que le travail qui donne des résultats, et c'est encore plus vrai pour la vie spirituelle que pour tous les autres domaines. Pourquoi ?… Parce que la vie spirituelle ne peut pas être considérée séparément de la totalité de l'existence. Prenons un musicien : même s'il est un génie, la musique n'occupe pas toute son existence, et il peut cultiver ses dons tout en continuant à être la proie de passions incontrôlées et en menant une vie chaotique et déraisonnable. De même pour les écrivains, les peintres, etc. Il est donc plus facile de cultiver un don, quel qu'il soit, que de s'attaquer à ses faiblesses et à ses lacunes psychiques ; cela, c'est un travail de tous les instants, le jour et la nuit. Et c'est pour cela qu'il y a si peu de candidats !

Les humains sont si peu habitués à utiliser les facultés psychiques, spirituelles que le Créateur leur a données que, même devant un lever de soleil, ils ne savent quoi faire. Au bout d'un moment, ils s'ennuient ; cette boule brillante dans le ciel, ils en ont assez de la regarder. Et ils quittent le soleil pour aller s'occuper de choses plus tangibles… plus importantes pensent-ils ! Le plus extraordinaire, c'est qu'il y a des quantités de personnes qui, lorsqu'il leur arrive comme ça, par hasard, de voir le soleil se lever, reconnaissent que c'est un des plus beaux spectacles qui existent. Mais ce n'est pas pour cela qu'elles feront l'effort de répéter l'expérience. Oui, combien auront cette impulsion de se lever pour saluer l'aurore, accueillir cette lumière dans leur cœur, dans leur âme, afin que toute la journée soit aussi lumineuse et pure ?

Dans l'incertitude l'homme est vulnérable comme un arbre que le bûcheron veut couper. Puisqu'il ne peut pas en venir facilement à bout avec sa seule hache, le bûcheron enfonce un coin dans le tronc de l'arbre afin de le fendre. Tirez donc vous-même la conclusion : si chaque jour vous laissez de petits coins s'enfoncer en vous, vous vous exposez à être victime de toutes les haches – les difficultés extérieures et surtout intérieures – qui vont vous frapper et vous disloquer. Dès qu'une pensée, un sentiment réussissent à diviser votre tronc, vous sentez vos énergies psychiques et spirituelles s'éparpiller. Alors, que va-t-il rester de vous ? Vous serez en miettes. Pourtant, chacun connaît la maxime : « L'union fait la force »… Eh oui, on la connaît, on l'applique dans la vie sociale, dans la vie politique quand il s'agit de remporter des succès matériels, d'éliminer des ennemis, et ce n'est pas nécessairement mauvais, mais c'est dans la vie spirituelle qu'il est le plus nécessaire d'appliquer cette loi.

Puisque c'est le Créateur qui nous donne la nourriture que nous prenons tous les jours, elle est imprégnée de sa vie. Mais alors, comment se fait-il que lorsque le méchant se nourrit, cette nourriture, qui est divine, ne le rende pas meilleur ? C'est qu'il transforme les aliments en sa propre nature. Tandis qu'un saint, un Initié qui mange la même nourriture, la transforme en lumière, en amour, en bonté. Tout dépend donc de l'état de l'homme qui mange. Les gens méchants ne sont pas améliorés par la nourriture qu'ils absorbent, ils deviennent même encore plus méchants. Et ceux qui sont bons deviennent meilleurs. C'est une loi : chaque créature assimile les aliments à sa propre substance et les transforme. C'est pourquoi les Initiés désirent s'offrir en holocauste au Seigneur pour être absorbés par Lui. Ils savent qu'en les absorbant, le Seigneur les transformera en leur communiquant quelques rayons de sa lumière.

Un Maître spirituel est un être qui possède de grands pouvoirs psychiques, mais ces pouvoirs ne lui permettent pas d'agir en tout temps, en tout lieu, dans n'importe quelles conditions et avec n'importe qui.

Dans un passage des *Évangiles*, il est dit que, passant par Nazareth, Jésus n'y fit pas beaucoup de miracles à cause de l'incrédulité des habitants. Donc, même si Jésus possédait d'immenses pouvoirs, il ne les manifestait pas devant des êtres qui n'étaient pas ouverts, confiants. Et à celui qui lui demandait la guérison pour lui-même ou pour son enfant, il répondait : « *Qu'il te soit fait selon ta foi* » ou « *Ta foi t'a sauvé* ». Bien sûr, les ignorants donneront comme explication que Jésus était susceptible, vaniteux, c'est pourquoi il n'acceptait d'aider que ceux qui avaient en lui une confiance aveugle. Non, la véritable explication, c'est que la foi et le doute sont comparables à des éléments chimiques : la foi est faite d'éléments subtils qui favorisent la manifestation, la réalisation ; et le doute est fait d'autres éléments qui s'y opposent.

Combien de gens sont là, effondrés, parce qu'ils se sentent trahis ! Ils répètent : « Mais comment est-ce possible ?… Il m'avait promis… elle m'avait juré… » C'est entendu, on leur avait fait de belles promesses, mais ils ne devaient pas être si crédules ! Comme les enfants, la majorité des hommes et des femmes font des promesses qu'ils croient vraiment pouvoir tenir. Au moment où ils promettent, ils sont sincères, ils sont persuadés qu'ils feront ce qu'ils ont dit. Mais ils ne se connaissent pas, ils ne savent pas combien ils sont faibles, limités, et alors le moment venu, ils flanchent, ils oublient. C'est normal, il faut savoir d'avance qu'il peut en être ainsi. Il ne faut jamais demander aux humains quelque chose qui risque d'être au-dessus de leurs forces, car même avec la meilleure volonté du monde, ils ne pourront pas répondre à votre attente.

Celui qui se marie ajoute à ses relations un beau-père, une belle-mère et une quantité de belles-sœurs, beaux-frères, neveux, nièces, cousins, etc., mais ce n'est pas pour cela qu'il devient plus conscient de ce qu'est réellement une famille. Car on peut très bien agrandir le cercle des personnes que l'on est amené à fréquenter tout en gardant la même conscience étroite, limitée, égoïste. Oui, fonder une famille et même avoir des enfants n'est pas encore la preuve qu'on soit capable de cet élargissement de conscience qui se manifeste par une attitude de noblesse et de désintéressement : accepter de subir quelques inconvénients, de souffrir même, de se sacrifier pour les autres. Et le plus grand élargissement de la conscience, c'est de savoir, de sentir qu'au-delà de sa propre famille – celle à laquelle on appartient déjà et celle que l'on veut fonder – on est un membre de la grande famille universelle des créatures de Dieu, de s'en réjouir et de vouloir chaque jour travailler pour elle.

Si nous nous trouvions dans le soleil, nous ne connaîtrions jamais l'obscurité. Mais nous sommes sortis du soleil, symboliquement, nous sommes descendus sur la terre et la terre tourne autour du soleil, c'est pourquoi nous sommes alternativement dans l'ombre et dans la lumière. Et tant que nous serons en dehors du soleil, nous devrons accepter cette alternance : le jour et la nuit, la lumière et les ténèbres, l'activité et le repos, le bien et le mal. Et non seulement il faut l'accepter, mais aussi savoir l'utiliser. Oui, la nuit, par exemple, comment l'utilisez-vous ? Merveilleusement : vous dormez, vous ne faites rien, et le matin quand vous vous réveillez, vous avez récupéré toutes vos forces, vous vous êtes débarrassé de tous les déchets, vous êtes prêt à nouveau à vous mettre au travail. Alors, pourquoi n'apprenez-vous pas à utiliser le mal, les difficultés, les obstacles ? Pour utiliser le mal, il faut l'intégrer, c'est-à-dire le faire entrer comme matériau dans ses activités ; comme en chimie où l'on ne rejette aucune substance, même la plus toxique, car tout peut être utilisé pour le bien si on sait comment procéder.

Il y a une leçon à tirer de la manière dont le serpent change de peau. Le serpent sent qu'une nouvelle peau s'est formée sous l'ancienne, il cherche alors dans les rochers une fissure ou un trou étroit, et il s'y faufile. C'est difficile, il doit forcer pour passer par… la « porte étroite ». Mais au sortir du passage étroit, le serpent possède une peau neuve, l'ancienne a été arrachée. De la même façon, chacun de nous doit passer aussi un jour par la « porte étroite » afin de perdre sa vieille peau, c'est-à-dire ses vieilles conceptions, ses vieilles habitudes, ses vieux raisonnements. Pour vous aussi ce moment viendra. Ce sera, bien sûr, un passage difficile, mais ne vous troublez pas, n'ayez pas peur, réjouissez-vous de perdre votre vieille peau pour devenir un être nouveau avec une compréhension plus large, un cœur plus généreux et un comportement qui n'apportera aux autres que des bénédictions.

Il ne faut pas toujours considérer la souffrance comme une punition. La souffrance est un avertissement, une leçon pour retenir les humains qui sont en train de courir à leur perte. Eh oui, lorsqu'ils s'obstinent dans leur refus de comprendre, il ne reste que la souffrance pour les instruire et les sauver. Il n'est pas souhaitable d'en arriver là ; mais que faire ? Quand l'Intelligence cosmique, qui est sage et pleine d'amour, a tout essayé : quand elle a essayé la sagesse, les explications en envoyant des Initiés ; quand elle a essayé l'amour, la patience, en envoyant des saints, des prophètes, des martyrs, et que là encore il n'y a pas de changement, il ne lui reste qu'à utiliser les épreuves, et elle laisse les despotes, les criminels, les bourreaux prendre le pouvoir. L'Intelligence cosmique ne commence jamais par la souffrance. Ce n'est qu'après avoir tout essayé qu'elle a recours à elle pour faire réfléchir les humains.

Dans ses prières, ses méditations, le disciple doit commencer par essayer d'atteindre les saints, les prophètes, les Initiés, les grands Maîtres, c'est-à-dire des êtres dont la mission est de s'occuper des humains. Ensuite, il peut s'élever encore et invoquer les Anges, car parmi les hiérarchies célestes, ce sont les Anges qui sont les plus proches des humains, qui les écoutent et leur accordent leur aide. Ensuite, il peut essayer d'invoquer les Archanges. Mais s'il veut se faire entendre des Principautés et des cohortes angéliques supérieures, c'est inutile. Les mondes sont innombrables dans l'espace infini peuplé de milliards de créatures, et ces hiérarchies angéliques, qui ont d'immenses travaux à exécuter très loin dans l'espace, entretiennent très peu de relations avec notre terre. Ceux qui s'occupent des humains sont surtout des êtres qui ont vécu sur la terre, mais qui, l'ayant quittée, se souviennent : ils ont gardé des attaches et fait des promesses qu'ils veulent remplir. Le disciple doit connaître l'existence des hiérarchies supérieures, mais pour obtenir des résultats, il doit s'adresser à des êtres plus proches de lui.

Dès qu'elles abordent la vie spirituelle, la majorité des personnes se heurtent au problème de la méditation : elles ne savent pas se concentrer. Pourquoi ? Parce qu'elles n'ont pas appris à choisir les sujets de méditation, elles se lancent à l'aveuglette, sans méthode. Alors, que ce soit bien clair pour vous. La première règle, c'est évidemment de choisir un sujet de nature spirituelle ; et la deuxième, que ce sujet vous tienne à cœur. C'est l'amour que vous avez pour un être ou un objet qui vous attache à lui. Quand vous n'aimez pas, vous êtes si l'on peut dire, comme un timbre-poste dépourvu de colle : vous n'adhérez pas !

L'erreur des débutants, c'est qu'ils veulent tout de suite se concentrer sur les questions philosophiques et mystiques les plus abstraites : la vérité, l'éternité, l'infini, l'Absolu, l'Être suprême. C'est une erreur. Commencez par vous concentrer, par exemple, sur une image pure, belle, que vous aimez, une image de la nature ou de l'art. Votre cerveau prendra ainsi l'habitude de se concentrer, et peu à peu vous pourrez méditer sur des sujets plus éloignés de vous. Pour avoir des résultats dans la vie spirituelle, il faut savoir se servir de la force formidable de l'amour.

L'hostie que reçoivent les chrétiens au moment de la communion a pour fonction de rappeler le pain que Jésus, lors du dernier repas qu'il fit avec ses disciples, leur donna en disant : *« Prenez, ceci est mon corps. »* Puisqu'elle a à peu près la même composition que le pain, l'hostie n'apporte matériellement rien de plus qu'une bouchée de pain ; mais il s'agit d'une matière à laquelle on donne une fonction symbolique : elle représente le corps du Christ. À cette hostie, le prêtre, par sa bénédiction, communique des énergies spirituelles, et le fidèle qui la reçoit doit, lui, se pénétrer de sa signification sacrée. Donc, en définitive, n'est-ce pas le fidèle qui a le rôle le plus important ? C'est lui qui, par son attitude intérieure, peut effacer ce qu'a apporté la bénédiction du prêtre, ou au contraire le renforcer par la manière dont il considère l'hostie qu'il reçoit.

En acceptant de mourir sur la croix, Jésus a fait un sacrifice que nous devons méditer afin d'en mesurer toute la grandeur et de nous y associer par la pensée. Mais dans la nouvelle vie que le Christ maintenant nous propose, il n'est pas préconisé de s'attarder sur le supplice de la croix, car le Christ se manifeste aussi par la beauté, la joie, la lumière.

Dans la nouvelle culture, c'est la pensée de la gloire du Christ qui doit nourrir notre vie intérieure. Dieu se réjouira en voyant que nous cessons d'embrasser la poussière et de nous agenouiller devant des tombeaux, car Il nous destine au plus grandiose avenir. Et s'il existe des morts dont il faut s'occuper, ce ne sont pas ceux des cimetières, mais ceux qui sont enfouis dans notre for intérieur : nos vieilles habitudes, nos vieilles conceptions erronées. Ce sont ces morts-là qu'il faut chercher pour en finir avec eux ! Lorsque nous y parviendrons, nous entrerons nous aussi dans la gloire du Christ.

Chaque jour nous devons travailler à rendre notre vie plus pure, plus intense, car c'est cette vie qui produira des phénomènes de la plus haute magie sur les cœurs, sur les âmes, sur les intelligences, sur les entités et les forces de la nature, et même sur les objets physiques. À quoi sert-il de venir sur la terre pour y traîner une existence médiocre ? Manger, boire, dormir, se débrouiller un peu pour assurer sa subsistance, avoir quelques aventures passionnelles dont on sort plus ou moins démoli… qu'est-ce, tout cela, à côté de l'éternité de splendeur qui attend celui qui s'efforce d'apprendre cette seule chose : comment vivre ? Si les Initiés possèdent l'équilibre, la paix, la joie, c'est parce qu'ils ont travaillé à purifier leur vie, à la rendre belle et puissante ; ils ont compris que la véritable magie se trouve dans la vie, et nulle part ailleurs. Oui, pouvoir vivre et insuffler la vie divine, il n'y a pas de plus haute magie : animer les êtres, les stimuler, les exalter, les ressusciter, c'est cela la vraie magie, la vraie vie.

Combien de chrétiens se contentent d'accepter l'idée que, pour être sauvés, il suffit de croire ! Et de croire quoi ? Qu'en faisant sur la croix le sacrifice de sa vie, Jésus les a sauvés. Eh non, ce n'est pas si facile ! Si vous travaillez, si vous vous préparez, oui, Jésus sera puissant à travers votre bonne volonté et vous il sauvera. Mais si vous ne faites rien, vous ne serez pas sauvé.

La foi travaille, alors que la croyance attend. La croyance déclare : « Il a été dit que le Christ viendra sur des nuées, que l'ange sonnera de la trompette, et alors tous ressusciteront. » Eh bien, on peut l'attendre longtemps, cet ange à la trompette. Il est déjà venu, et beaucoup ont ressuscité parce qu'ils avaient la véritable foi : ils travaillaient, ils ne se contentaient pas d'attendre passivement.

Lorsqu'un certain nombre de personnes se rassemblent autour d'une idée, leurs pensées et leurs désirs créent déjà une réalité vivante ; c'est une loi du monde spirituel. Et même si cette réalité n'est pas faite de particules suffisamment matérielles pour qu'on puisse la voir et la toucher, elle existe et on appelle cette entité collective un égrégore. Un égrégore est une entité vivante et agissante, et chaque pays, chaque religion, chaque mouvement de pensée possède un égrégore.

La Fraternité Blanche Universelle a aussi son égrégore et tous ses membres, les frères et les sœurs qui se réunissent avec le même idéal de paix et de lumière, ne cessent de l'alimenter, de le renforcer. Ainsi, non seulement il peut agir sur les autres égrégores dans le monde pour les influencer bénéfiquement, mais encore et surtout il contribue à l'évolution des êtres qui ont travaillé à le former.

Quelles que soient vos souffrances et vos difficultés, n'allez pas vous plaindre aux autres et ne prenez pas l'air sombre ; tâchez au contraire de faire briller la lumière en vous. Oui, plus ça va mal, plus vous devez faire briller la lumière. Car savez-vous ce qui se passera alors ? De tous les côtés viendront des personnes que cette lumière aura attirées et elles vous diront : « On aimerait vous donner quelque chose. De quoi avez-vous besoin ? » Et même vous aurez trop de tous les services qu'on voudra vous rendre… Simplement à cause de votre lumière ! Les gens croient que leurs malheurs peuvent toucher le cœur des autres, alors ils les racontent, ils les exagèrent même dans l'espoir d'obtenir aide et secours. Eh bien, pas du tout ! Ceux à qui on impose de tels récits n'ont qu'un désir : prendre la fuite. Oui, malheureusement c'est ainsi : dans ces conditions il est rare de se faire écouter, parce que c'est seulement la beauté, la lumière, l'amour qui attirent les humains. Donc, plus ça va mal, plus vous devez être rayonnant et joyeux.

L'intellect est une faculté qui permet à l'homme de connaître le monde physique et un peu quelque chose du monde psychique, pas plus. C'est donc une faculté très réduite. L'intellect seul ne peut pas connaître la vérité. La vérité d'une rose, par exemple, ce n'est pas seulement de décrire et d'analyser sa forme, sa couleur, son parfum. La vérité de la rose, c'est une âme, c'est une émanation, tout un ensemble d'éléments qui fait qu'elle est une rose et rien d'autre. Et il en est de même pour un être humain ; la vérité sur lui englobe tout ce qui le concerne : son âme, son esprit, ses pensées, ses sentiments, ses projets… Tant que vous ne les connaissez pas, vous ne connaissez pas la vérité sur lui, vous avez seulement quelques notions sur son apparence, son comportement. La vérité est une synthèse qui ne peut être connue que par l'esprit.

Le travail que vous faites en vous engageant dans la spiritualité est très différent de tout ce dont vous avez l'habitude. Il ne s'agit pas de bricoler quelque part ou de s'occuper dans un bureau, mais de développer cette nature divine qui nous a été donnée par notre Père céleste et qui, dans la vie ordinaire, est étouffée, enterrée par toutes sortes d'activités et de préoccupations qui ne sont justement pas divines.

Si vous allez dans une École initiatique pour y avoir les mêmes activités que dans le monde, c'est inutile : vous vous sentirez mal à l'aise, vous souffrirez et vous ne trouverez rien de ce dont vous avez besoin. Mais si vous voulez avoir de bonnes conditions pour introduire l'ordre et l'harmonie en vous-même, pour permettre à votre nature divine de s'épanouir et d'entreprendre un travail gigantesque pour le bien du monde entier, c'est dans une École initiatique qu'il faut aller… vous y serez le bienvenu !

Pourquoi regardons-nous le soleil se lever ? Pourquoi nous concentrons-nous sur lui ? Pour apprendre à mobiliser toutes nos pensées, tous nos désirs, toutes nos énergies, et les orienter en vue de la réalisation du plus haut idéal. Celui qui travaille à unifier la multitude des forces chaotiques qui le tiraillent dans tous les sens pour les lancer dans une direction unique, lumineuse, salutaire, devient un foyer tellement puissant que sa présence, comme le soleil, est capable de rayonner à travers l'espace. Oui, l'homme qui parvient à maîtriser les tendances de sa nature inférieure, peut étendre ses bienfaits sur l'humanité tout entière, et il devient un soleil. Il vit dans une telle liberté qu'il élargit le champ de sa conscience à tout le genre humain auquel il envoie la surabondance de lumière et d'amour qui jaillissent de lui.

Lorsque les alchimistes disent qu'ils travaillent avec le soleil et la lune, il ne s'agit évidemment pas des deux astres que nous apercevons dans le ciel, mais des symboles des deux principes masculin et féminin qui agissent dans toute la création et dans l'être humain lui-même. La véritable alchimie est l'alchimie spirituelle, et les deux principes avec lesquels nous avons à travailler sont la volonté (le Soleil) et l'imagination (la Lune). Par la volonté et l'imagination, le disciple parvient à transmuter sa propre matière et à devenir, symboliquement, comme le Soleil et la Lune, c'est-à-dire rayonnant et pur. Ce n'est pas un hasard si, en astrologie, le Bélier est le domicile de Mars (principe masculin) et le Taureau le domicile de Vénus (principe féminin). Car c'est en travaillant avec le Soleil et la Lune pour sublimer la force sexuelle (Vénus) et la force dynamique et active de la volonté (Mars) que l'alchimiste obtient tous les pouvoirs spirituels symbolisés par Mercure, l'agent magique.

Le disciple qui va auprès de son Maître ou qui, chez lui, se plonge un long moment dans l'étude de sa pensée, se sent transporté dans un monde de lumière, de pureté, d'amour. Mais ensuite il retrouve nécessairement l'existence ordinaire où il est obligé d'avoir des contacts avec des personnes et des réalités de toutes sortes. Au bout de quelque temps, il s'aperçoit qu'il n'a plus la même foi, le même élan ; il se sent redevenir terne et lourd, son ardeur et son amour ont diminué. Que s'est-il passé ? Comme un liquide chaud qu'on a ensuite exposé au froid, il a changé de température.

Ce phénomène est tout à fait naturel. L'enseignement que le disciple reçoit d'un Maître ressemble au contenu d'un récipient. Ce contenu est plus chaud que l'air ambiant, et au contact de l'extérieur, il perd peu à peu ses calories et sa température diminue. Mais ce qui se perd peut être remplacé. C'est le but de la prière, de la méditation, de tous les exercices spirituels : aller chercher à la source les éléments lumineux et chaleureux que l'on a perdus.

Pour connaître la pensée de quelqu'un, vous avez la possibilité d'entrer dans sa tête grâce à des exercices de concentration. Mais vous n'avez le droit de le faire qu'à condition que vos mobiles soient purs, désintéressés. Car en vous introduisant ainsi dans la tête d'un être, vous apportez tout ce qui est bon, mais aussi tout ce qui est mauvais en vous, et vous risquez de le troubler. Vous ne pouvez donc le faire sans causer de dégâts qu'avec des êtres tellement évolués, les Initiés, qu'ils sont même capables de transformer les impuretés que vous leur apportez. Et d'ailleurs, ce n'est qu'à la condition d'éprouver un sentiment de respect et de dévotion que cet exercice d'entrer dans la tête d'un Initié – vivant ou mort – peut être vraiment utile et bénéfique pour vous. Car c'est ce sentiment sacré qui vous permet de vibrer à la même longueur d'onde que lui, et grâce à cette consonance vous pouvez pénétrer dans le monde de sa pensée.

Des années après, lorsque les hommes et les femmes font le bilan de leur vie, s'ils sont honnêtes, ils reconnaissent qu'ils ont gaspillé leurs forces, leur santé, leur beauté dans des activités qui n'en valaient pas tellement la peine. Bien sûr, ils en ont retiré quelques petits avantages ; mais s'ils doivent mettre tout cela dans la balance divine, ils s'aperçoivent que le peu qu'ils ont gagné ne compense pas les richesses qu'ils ont perdues. Malheureusement, c'est un genre de calcul que les humains font toujours trop tard. Quand ils veulent obtenir l'argent, la gloire ou la science, ils ne mettent jamais dans l'autre plateau de la balance les pertes que ces acquisitions vont entraîner. Ils obtiendront peut-être ce qu'ils veulent, mais quelques années après on les voit dans les cliniques ou les hôpitaux psychiatriques, incapables de manger, de boire, de se réjouir, leur système nerveux est délabré. À ce moment-là ils se rendent compte de la valeur de ce qu'ils ont perdu, ils disent : « Si j'avais su !… » Mais c'est trop tard ; il faut réfléchir plus tôt !

Il ne faut pas confondre foi et croyance. Malheureusement, la plupart de ceux qui prétendent avoir la foi font la confusion : oui, on peut avoir des croyances et même des croyances religieuses, et ne pas avoir véritablement la foi ! Alors, quel est le critère ? On peut dire que celui qui a la foi a su choisir les meilleures graines et les semer dans son âme : peu à peu il voit pousser des arbres magnifiques, et sur ces arbres il cueillera des fruits délicieux. De celui qui ne récolte rien, ou seulement des chardons, des épines, on est obligé de constater qu'il n'est pas encore devenu un bon semeur, un vrai croyant.

Pour bien faire la différence entre foi et croyance on a besoin de critères infaillibles. Le premier critère de la foi, c'est qu'elle rend l'être humain meilleur, plus stable, plus harmonieux, plus soucieux des autres… Et c'est un processus qui doit aller s'amplifiant en lui, comme pour l'arbre qui ne cesse de croître. Alors, comme dans la parabole du grain de sénevé, les oiseaux du ciel – c'est-à-dire les vertus, les entités lumineuses – viendront habiter dans ses branches.

Les Anciens ont défini les quatre éléments par rapport aux quatre états de la matière : solide, liquide, gazeux, igné. Tout ce qui est solide, ils l'ont appelé terre ; tout ce qui est liquide, eau ; tout ce qui est gazeux, air ; et tout ce qui est igné – c'est-à-dire la chaleur, la lumière – feu. Les quatre éléments, nous les retrouvons dans la nourriture que nous prenons tous les jours. Oui, car la nourriture présente les quatre états de la matière : solide, liquide, gazeux, igné. C'est pourquoi chaque repas peut devenir une occasion de communier avec les Anges des quatre éléments : l'Ange de la terre pour qu'il nous apporte la fermeté, la solidité, car c'est lui qui donne la base, sans lui rien ne peut subsister ; l'Ange de l'eau pour qu'il nous apporte la vie et la pureté ; l'Ange de l'air pour qu'il nous apporte l'intelligence, la subtilité, la rapidité ; et enfin, l'Ange du feu pour qu'il nous apporte la lumière et le feu de l'amour divin.

Le Royaume de Dieu est d'abord un état de conscience, une façon de vivre et de travailler. C'est pourquoi il ne peut pas être réalisé dans le plan physique avant d'être d'abord réalisé dans la pensée. Une fois réalisé dans la pensée il descendra dans le cœur, dans les sentiments, et c'est alors qu'il pourra enfin s'exprimer par des actes. Car tel est le processus de la réalisation dans la matière : pensée – sentiment – acte. Le Royaume de Dieu se réalisera tangiblement un jour sur la terre. Mais tout d'abord il doit venir dans les pensées et les sentiments des humains. Et là, on peut voir que le processus a déjà commencé… Des milliers de personnes dans le monde nourrissent en eux l'idéal et l'amour du Royaume de Dieu, il y en a même beaucoup plus que vous ne croyez. Et même dans leur comportement, dans leur façon de vivre, chez certains déjà le Royaume de Dieu s'est réalisé.

Les humains ne savent pas apprécier la vie, cette quintessence de Lui-même que Dieu leur a donnée. « Comment ? dira quelqu'un, mais moi, c'est la vie que je considère comme le bien le plus précieux. Hier soir, dans l'obscurité quelqu'un s'est jeté sur moi au coin d'une rue en me menaçant : « La bourse ou la vie ! » Eh bien, j'ai donné la bourse. » Ah ça, c'est vrai, quand la question se présente ainsi, c'est la vie qu'on choisit. Mais autrement on ne pense pas à elle, on la gâche, on l'avilit. Il faut être mis au pied du mur pour comprendre. Mais avant, on n'est pas conscient et on gaspille sa vie à la poursuite de satisfactions et d'avantages qui ne sont jamais aussi importants que la vie elle-même. Pour gagner quelques sous, pour avoir le plaisir de plastronner en remportant quelques succès, combien de gens sont capables de gâcher leur vie ! Sur leur balance intérieure, en face du peu qu'ils ont gagné, pourquoi ne leur vient-il jamais l'idée de mettre les trésors de vie qu'ils ont perdus ?

Vous avez un arbre dans votre jardin : vous pouvez passer plusieurs fois par jour devant lui sans faire attention, comme s'il faisait partie d'un décor de théâtre en carton ou en plâtre. Mais vous pouvez aussi avoir conscience que c'est un être vivant, et même, vous approcher de lui pour le saluer, lui parler, vous pénétrer de ce qu'il représente. Vous direz : « Mais qu'est-ce que cela peut changer ? » Oh, évidemment, physiquement, matériellement, cela ne change rien. Mais dans le plan éthérique, l'arbre s'enrichit de votre présence, en même temps que vous vous enrichissez de la sienne. Et c'est même vous qui gagnez le plus : vous entrez en communication avec cette vie qui circule depuis les racines jusqu'aux extrémités des branches. Et puis, vous faites aussi connaissance avec les créatures invisibles qui l'habitent et qui prennent soin de lui. Oui, car des entités s'occupent d'entretenir la vie partout dans la nature.

26 Avril

« *Comme je vous ai aimés, aimez-vous les uns les autres* », disait Jésus. De quelle nature était l'amour de Jésus ? Que voyait-il dans un être humain ? La réponse est dans le Sermon sur la montagne, quand, s'adressant à ses disciples et à la foule qui l'avait suivi, il dit : « *Soyez parfaits comme votre Père céleste est parfait.* » Ce qui signifie que dans ses disciples, dans tous les êtres qui l'approchaient, il voyait l'image du Père céleste, il voyait la Divinité ; et c'est à cette Divinité en eux qu'il s'adressait, puisqu'il leur montrait le chemin de la perfection. Les autres s'arrêtaient à l'apparence misérable de ceux qu'ils appelaient lépreux, possédés, prostituées, adultères, voleurs, etc. Jésus, lui, reconnaissait dans tous les êtres une âme et un esprit qui ne demandaient que de bonnes conditions pour se manifester dans la beauté et la lumière : c'étaient ces âmes et ces esprits qu'il aimait et c'est à eux qu'il s'adressait.

La seule manière de régler correctement vos relations avec les autres, c'est de ne jamais perdre de vue la question des deux natures : inférieure et supérieure. En vous et chez les autres, n'ayez confiance qu'en la nature divine. Un être humain est comme une banque dans laquelle vous déposez des capitaux. Alors, attention, assurez-vous d'abord que « la banque » à laquelle vous vous adressez est solide, fiable, sinon vous risquez de tout perdre. Et puisque vous êtes vous aussi une banque, efforcez-vous d'être une banque digne de foi. La question ne se limite pas à savoir si vous pouvez, vous, faire ou non confiance aux autres ; demandez-vous s'ils peuvent, eux aussi, avoir confiance en vous, et tâchez de mériter cette confiance. C'est cela surtout qui doit réellement vous importer.

D'innombrables entités du monde divin s'occupent de préparer les conditions de notre succès, de notre bonheur, mais nous ne voulons pas le reconnaître. Pourquoi ? Parce que les événements se présentent à nous différemment de ce que nous imaginions ou attendions. Mais si ce que nous attendons se réalisait tel que nous le souhaitons, nous serions peut-être exposés à des complications et des déceptions plus grandes. Y avez-vous pensé ?

La Sagesse divine répond à nos demandes. Mais elle le fait à travers des événements que nous ne comprenons pas. Oui, nous ne sommes pas encore assez clairvoyants pour interpréter les signes qui nous révéleraient la raison de ces événements, des rencontres que nous faisons, ou de la présence de certaines personnes autour de nous. Nous le comprendrons certainement un jour. En attendant, nous devons faire confiance au Ciel qui a tout prévu pour notre évolution.

Devant les vérités de la Science spirituelle, il y a des gens qui se contentent de prendre des airs méfiants et pleins de sous-entendus en disant : « Moi je doute… Je suis sceptique », comme si ce scepticisme était le fruit de dizaines d'années de réflexion approfondie. En réalité, ils montrent au contraire combien ils sont limités mentalement : ils n'ont pas étudié, ils ne veulent pas étudier, alors ils trouvent commode de se maintenir dans une position qui leur évite de réfléchir vraiment et qui leur donne l'illusion d'être de grands penseurs. Celui qui se dit sceptique révèle seulement qu'il n'a jamais rien étudié en profondeur ; eh oui, puisqu'il n'a acquis aucune certitude, c'est qu'il n'est pas allé assez loin dans ses recherches. Et cela signifie aussi qu'il est orgueilleux, puisqu'il n'accorde aucune valeur au savoir acquis par les autres.

S'occupe-t-on de donner aux humains un vrai savoir, qui leur permettrait de se développer de façon harmonieuse, afin de faire face aux difficultés intérieures et extérieures qu'ils peuvent rencontrer ? Non, on attend qu'ils soient malades pour intervenir. C'est quand ils ne savent plus où ils en sont, qu'ils sont prêts à se suicider ou qu'ils ont déjà tenté de le faire, qu'on les rassure en leur disant qu'on va les aider à retrouver la paix, l'équilibre et le sens de la vie. Et en attendant on les gave de médicaments ! Évidemment, lorsque les choses en sont arrivées à un tel point de gravité, il n'y a rien d'autre à faire. Mais jusqu'à quand va-t-on se contenter de soigner des malades ? Vous direz : « Mais c'est cela, la science ! » Non, c'est seulement quelques connaissances. La science, la vraie, n'est pas celle des maladies, mais celle de la santé.

Dans une goutte de sang, l'Initié découvre la quintessence de la matière, les principes des quatre éléments : la terre, l'eau, l'air et le feu.

Le sang représente la vie qui circule dans l'univers. Si on sait comment le considérer, on arrive à sentir qu'il est en nous ce qui se rapproche le plus de la lumière. Car le sang, c'est la vie, *« et la vie est la lumière des hommes »*, dit saint Jean au commencement de son *Évangile*. Cette lumière, qui est la matière même de la création, puisque pour créer le monde Dieu a d'abord appelé la lumière en disant *« Que la lumière soit ! »* c'est elle qui est condensée dans notre sang. Nous devons donc être très attentifs et considérer avec un immense respect ce sang qui est de la lumière condensée, la vie divine condensée. Et de même que le sang retourne toujours au cœur, notre vie doit retourner au cœur de l'univers : au Créateur.

Nous devons nous tourner avec confiance vers les êtres qui sont allés plus loin que nous sur le chemin de l'évolution : les Initiés, les grands Maîtres, car nous avons besoin d'eux pour être instruits et guidés. Et il ne faut pas avoir peur qu'ils abusent de leur autorité en nous privant de notre liberté : ils n'ont aucune envie de nous garder pour eux-mêmes. Leur but est uniquement de nous mettre en relation avec un monde auquel nous ne pourrions pas, par nous-mêmes, avoir immédiatement accès. Des courants d'énergies pures circulent à travers eux, ils sont comme des sources auxquelles nous pouvons nous abreuver en attendant d'être capables de nous abreuver directement à la Source cosmique.

De même que les bons parents savent qu'ils ne doivent pas garder leurs enfants pour eux-mêmes, un Maître spirituel sait qu'il doit simplement préparer ses disciples pour leurs Parents divins, c'est-à-dire pour les parents de leur âme et de leur esprit : l'Âme universelle et l'Esprit cosmique.

Vous avez tous entendu parler des « agents doubles », ces hommes et ces femmes qui servent leur pays et, dans le même temps, le pays ennemi : ils pensent que, suivant la tournure des événements, ils auront de toute façon un refuge assuré. Et dans combien d'entreprises aussi on voit des hommes servir à la fois les intérêts de leur patron et ceux de ses concurrents ! Une telle bifurcation est très préjudiciable pour les pays et pour les entreprises, mais elle l'est autant pour l'homme lui-même, qui risque finalement d'être rejeté des deux côtés. Dans la vie spirituelle cette attitude existe aussi, et elle est même très répandue. Combien de gens sans s'en rendre compte se mettent à la fois au service de Dieu et de Mammon, c'est-à-dire au service des puissances du Ciel, de l'esprit, et en même temps au service des puissances de la terre, de la matière. Eh bien, il faut maintenant qu'ils en prennent conscience, car une telle bifurcation est très dangereuse, elle est une menace de mort spirituelle.

Pour comprendre ce qu'est la véritable religion, les humains doivent se rapprocher de la lumière, de la chaleur et de la vie du soleil, c'est-à-dire rechercher la sagesse qui éclaire et résout les problèmes, l'amour désintéressé qui embellit, encourage et console, la vie subtile et spirituelle qui rend actif, dynamique et audacieux, afin de réaliser sur la terre le Royaume de Dieu et sa Justice. Et cette religion, personne ne peut la combattre : celui qui essaie de la détruire se détruit lui-même, parce qu'il se limite.

Quand cette compréhension d'une religion universelle pénétrera les esprits, c'est toute l'organisation de la vie qui deviendra universelle : il n'y aura plus de séparations entre les humains, plus de frontières, plus de guerres. En connaissant le soleil dans ses manifestations sublimes de lumière, de chaleur et de vie, les humains s'approcheront de plus en plus de la Divinité, et ils feront de la terre un jardin de paradis où tous vivront en frères. Il faut que tous acceptent la religion et la fraternité universelles que nous enseigne le soleil.

Tous les progrès de la science, dans quelque domaine que ce soit, n'ont été possibles que parce que les humains ont découvert que le monde physique obéit à des lois. Mais pour le monde psychique, le monde moral, ils voudraient qu'il soit le lieu de la plus grande confusion, de la plus grande anarchie ! Aucune loi à connaître, aucune règle à respecter !... Eh bien, ce n'est pas possible, et si par sa légèreté, son inconscience, l'homme dérègle cet extraordinaire mécanisme qu'est son organisme psychique, il produit des dégâts irréparables. Rien n'est stable ni fiable quand on ne respecte pas les lois, parce que ce sont les lois qui constituent la charpente de l'univers, la charpente de l'univers psychique comme celle de l'univers physique. La plus grande erreur est de ne pas reconnaître ces lois. On fait comme si elles étaient une invention humaine, donc comme si elles reposaient sur des fondements arbitraires, discutables, et pouvaient facilement être transgressées. Eh non ! Et rien ni personne ne pourra aider celui qui transgresse les lois du monde psychique et du monde spirituel.

Dans son sens originel, la charité, qui est une vertu théologale, désigne l'amour de l'homme pour Dieu, dont procède nécessairement l'amour du prochain. Malheureusement, ce mot a fini par perdre, avec le temps, sa signification sublime, et ce qu'on appelle maintenant charité s'exprime par des actes qui peuvent n'être accompagnés d'aucun sentiment d'amour véritable. Beaucoup « font la charité » parce que l'Église et la famille leur ont appris qu'il faut donner aux pauvres, secourir les malheureux, etc. La charité est donc souvent le produit d'une petite éducation et elle n'a rien à voir avec la bonté. Que de personnes « charitables » empoisonnent la vie de leur famille et de leur entourage ! Il existe ainsi beaucoup de personnes charitables, mais on en rencontre très peu de vraiment bonnes, et les chrétiens devraient faire l'effort de retrouver le sens premier du mot « charité », car celui qui aime Dieu doit aussi L'aimer à travers son prochain.

Celui qui pense pouvoir trouver Dieu à l'extérieur de lui se condamne à des recherches stériles. Il faut donc cesser de penser à Dieu objectivement, comme à un Être extérieur à nous. Il faut même cesser d'imaginer qu'Il est quelque part en haut dans les cieux, tandis que nous sommes ici, séparés de Lui par des distances incommensurables. Puisque Dieu nous a créés, Il est en nous comme un père et une mère sont au-dedans de leurs enfants. De même que nous portons en nous notre père et notre mère terrestres, à plus forte raison portons-nous notre Père et notre Mère célestes. Tant que les humains n'arriveront pas à cette compréhension de Dieu, à un moment ou à un autre ils seront amenés à douter de son existence.

Vivre la vie spirituelle, c'est d'abord faire l'expérience du pouvoir de la pensée. Si vous n'obtenez pas de grands résultats, c'est que vous n'êtes pas fidèle au travail entrepris : ce que vous avez construit d'un côté, vous le détruisez de l'autre. Supposez que vous ayez décidé de travailler sur l'harmonie, harmonie des gestes, des paroles, de tout votre être... Si vous n'avez pas appris à vous dominer, les pensées et les désirs chaotiques continuent à s'emparer de vous et détruisent au fur et à mesure votre bon travail.

Pour obtenir des résultats durables, vous devez travailler d'une façon intelligente, organisée, continue. Il se peut que vous ne réalisiez pas encore de grandes transformations dans cette incarnation, mais vous les obtiendrez dans la suivante. Vous demandez : « Et pourquoi pas dans celle-ci ? » Parce que vous n'avez pas déjà travaillé dans ce sens dans une précédente incarnation. Ce n'est pas en quelques mois, en quelques années, qu'on arrive à de grandes réalisations spirituelles. Il faut poursuivre ses efforts sur plusieurs incarnations. Alors, comprenez au moins que vous devez vous mettre à travailler sérieusement dans cette incarnation pour avoir de bons résultats dans la prochaine.

Chaque erreur que nous commettons dans nos pensées, nos sentiments et nos actes chasse certaines entités spirituelles en nous, car c'est une désharmonie que ces entités ne peuvent pas supporter. Les esprits inférieurs la supportent très bien, mais les esprits lumineux nous quittent. Menez pendant quelques jours une vie désordonnée et vous constaterez que des ouvriers du Ciel vous ont quitté : vous n'arriverez plus à retrouver votre paix, votre légèreté, votre inspiration. Comprenez que votre avenir dépend de la bonne compréhension de cette vérité ; c'est par votre attitude que vous chassez ou attirez les esprits lumineux. Il ne tient donc qu'à vous que les esprits les plus évolués viennent s'installer dans votre cœur et dans votre âme. À partir de ce moment-là, vous deviendrez maître de vous-même et vous entrerez en possession de votre véritable visage d'homme : vous rayonnerez dans l'espace cosmique et jusqu'aux étoiles, communiquant aux plantes et aux astres des vibrations plus subtiles. Acceptez cette vérité et vous posséderez la clé puissante de la réalisation.

Vous avez devant vous une coupe d'eau, un verre d'eau : même en si petite quantité, cette eau représente toutes les eaux de la terre. En effet, symboliquement, magiquement, une seule goutte d'eau suffit pour vous lier à tous les fleuves et à tous les océans, à condition que vous sachiez comment vous adresser à elle. Alors, commencez par la saluer afin qu'elle devienne encore plus vivante et vibrante ; dites-lui combien vous l'admirez et la trouvez belle, et que vous souhaitez qu'elle vous donne sa pureté et sa transparence. Ensuite vous pouvez toucher cette eau, y plonger vos doigts avec la pensée que vous entrez en contact avec son corps éthérique, que vous absorbez ses vibrations, que vous en êtes imprégné. Si vous faites cet exercice avec un sentiment sacré, vous sentirez votre corps vibrer en harmonie avec toute la nature, vous serez allégé, purifié, et même votre cerveau fonctionnera mieux.

Il y a des personnes qui vont raconter partout que Dieu leur parle ; ou si ce n'est pas Dieu, c'est un ange, un prophète, un saint… Évidemment, on peut toujours raconter ce qu'on veut ; mais il y a des critères irréfutables pour reconnaître si la voix qu'on croit entendre vient vraiment du Ciel, ou s'il s'agit seulement d'élucubrations. Et voici quels sont ces critères. D'abord, être capable de distinguer clairement le chemin à suivre et marcher fermement sur ce chemin. Ensuite, devenir de plus en plus ouvert aux autres, pour pouvoir les comprendre, les aimer, les aider, et ressentir dans son cœur une véritable dilatation qui pousse à remercier le Seigneur à chaque instant. Enfin, avoir une volonté libre afin d'accomplir sans entrave tout ce qui est juste, bon et beau. Celui qui réalise ces trois conditions peut espérer qu'en effet la voix qu'il entend vient bien du Ciel. Mais pourquoi aller le dire partout ? Ce n'est pas nécessaire.

Il arrive que vous soyez traversé par une idée magnifique et qui vous émerveille : vous vous sentez transporté dans un monde de pureté et de lumière… En réalité cette idée est un être spirituel qui vous a visité. Oui, car une idée n'est pas uniquement un processus mental, mais une entité vivante qui passe à travers vous. Et si, au lieu de conserver précieusement cette idée divine et de vous mettre à son service, vous vous demandez ce qu'elle va vous apporter dans le plan matériel, et comment vont vous juger votre femme, vos enfants, vos voisins… vous chassez cet être divin qui était venu à votre rencontre, vous vous appauvrissez. Alors, faites attention, et désormais, quand une telle idée vous visite, nettoyez et purifiez tout afin qu'elle demeure en vous et vous apporte l'abondance et la beauté.

À un moment ou à un autre, vous serez dans votre vie victime d'injustices : accusations sans fondement, jugements erronés de la part de gens qui veulent vous nuire, vous évincer. Sachez-le et préparez-vous à affronter ces situations afin que, le jour venu, vous ne laissiez pas le trouble, le chagrin ou le désir de vengeance prendre le dessus. La seule bonne attitude à avoir dans ces cas-là est de continuer à travailler sur vous-même. Dites-vous bien que tout ce qui est inspiré par le monde divin restera et brillera un jour de tout son éclat ; tandis que les calculs, les intrigues, les complots, même s'ils réussissent pendant un certain temps, sont condamnés tôt ou tard à l'échec. Laissez donc les gens injustes et méchants s'enfoncer, si ça leur plaît, dans leur propre marécage : ils vont s'appauvrir et s'affaiblir, parce qu'ils ignorent combien les lois sont terribles pour celui qui s'est fait le serviteur de la jalousie, du mensonge et de la haine. La puissance du Ciel est infinie : imperceptiblement, mais inlassablement il travaille, et tout finit par tourner pour le bien de ceux qui ont placé dans leur vie un idéal sublime de beauté et d'amour, pour l'avènement du Royaume de Dieu et la fraternité dans le monde.

Vous n'arriverez jamais à produire de grandes transformations dans votre vie psychique tant que vous n'aurez pas compris le secret magique de la loi d'affinité. Chaque sentiment que vous éprouvez est d'une nature déterminée et, en vertu de la loi d'affinité, il va éveiller dans l'espace des forces de même nature que lui, et ces forces se dirigent vers vous. Si votre sentiment est mauvais, vous attirerez des influences négatives ; s'il est bon, vous attirerez des bénédictions. C'est ainsi que vous pouvez puiser tout ce que vous désirez dans les grands réservoirs de l'univers, à condition d'émaner, de projeter des pensées et des sentiments de même nature que ce que vous désirez. Ces pensées et ces sentiments déterminent absolument la qualité des éléments et des forces qui seront éveillés très loin, quelque part dans l'espace, et qui tôt ou tard arriveront jusqu'à vous. La loi de l'affinité est la plus grande clé de la réalisation spirituelle.

À entendre les humains, ils n'ont que des plaintes à adresser au Seigneur : Il ne les exauce pas, Il les abandonne dans les épreuves, Il laisse leurs ennemis triompher. Eux, évidemment, ils méritent toutes les joies et tous les succès, et ils ne comprennent pas pourquoi Dieu n'est pas plus attentif à les leur accorder. Ils oublient que, chaque jour, Il leur donne la possibilité d'entendre, de voir, de respirer, de marcher, de sentir, de penser… Quelle ingratitude ! Au lieu d'importuner le Seigneur par des réclamations et des plaintes continuelles, ils devraient plutôt réfléchir à la dette colossale qu'ils ont envers Lui… Sinon ils perdront tout. S'ils n'apprécient pas la santé, ils tomberont malades. S'ils ne sont pas reconnaissants d'avoir un cerveau, des yeux, des oreilles, ils deviendront stupides, aveugles, sourds… Et lorsqu'on a perdu une seule de ces richesses, on commence à comprendre ce qu'elle représentait.

La métamorphose de la chenille en papillon est un processus dont nous pouvons trouver l'équivalent dans notre vie psychique. Jusqu'à une certaine période de son existence (et cela peut être des millions d'années), l'être humain est comme la chenille qui a besoin de manger des feuilles, c'est-à-dire de satisfaire ses appétits aux dépens des autres qu'il salit, qu'il déchire. Mais un jour il a honte de sa conduite, il décide de s'améliorer ; alors il commence à se concentrer, à méditer et surtout à préparer un cocon pour protéger son travail intérieur, et de ce cocon sort un jour un papillon. Pour nous, ce cocon, c'est l'aura. Le disciple qui prend conscience de la puissance de l'aura, qui travaille sur son aura, ne « mange » plus les êtres comme le papillon ne mange plus les feuilles, mais se nourrit du nectar des fleurs. Être un homme ordinaire ou un Initié correspond à une façon différente de se nourrir.

Comment les pays pensent-ils régler les problèmes avec leurs voisins et assurer leur sécurité ?... En s'occupant de mettre au point des armes de plus en plus meurtrières jusqu'au jour où ils finiront par détruire la terre entière. Car avec cette méthode, plus le temps passe, plus les choses se compliquent. Tant que l'homme ne choisit pas la force spirituelle, la puissance de l'amour divin, pour résoudre les problèmes, jamais rien ne s'arrangera. Alors, vous au moins, à la place qui est la vôtre, au niveau qui est le vôtre, essayez dès aujourd'hui de résoudre vos problèmes avec vos parents, vos amis, vos ennemis, en manifestant l'amour et la bonté. En faisant cela, vous déclenchez une loi qui les obligera à répondre un jour ou l'autre de la même manière. Eh oui, c'est cela la puissance de la provocation ! Tant que vous n'avez pas compris comment vous pouvez résoudre les problèmes, vous provoquez le mauvais côté chez les autres, toujours le mauvais côté, et ensuite ce mauvais côté attend, là, que vous relâchiez votre vigilance pour venir vous attaquer. Étudiez l'histoire : vous verrez que les choses se sont toujours passées ainsi.

Certaines personnes entreprennent d'assumer un rôle de guide spirituel, sans se rendre compte qu'elles n'ont pas les facultés et les qualités nécessaires : la sagesse, l'amour, la pureté, le désintéressement, la patience… Elles ne savent pas que, si elles n'ont pas reçu l'approbation du Ciel, il est très dangereux pour elles de prendre sur leurs épaules cette tâche écrasante. Pour assumer la tâche de guide spirituel, il faut avoir reçu un diplôme. Oui, dans le monde spirituel aussi on reçoit des diplômes : les esprits lumineux qui nous ont envoyés sur la terre nous observent, nous mesurent, et s'ils voient un être qui a réussi à passer les examens que lui a imposés la vie, ils lui remettent un diplôme qui lui donne à son tour le droit d'enseigner. Et où est ce diplôme ? En tout cas ce n'est pas un papier qui peut être détruit : c'est comme un sceau imprimé sur le visage et sur tout le corps, qui fait partie de l'homme lui-même et qui montre qu'il a remporté des succès par son travail spirituel. Les humains ne le voient peut-être pas, mais tous les esprits de la nature, tous les esprits lumineux le voient de loin, et alors ils accourent pour l'aider dans sa tâche.

On n'obtient jamais que ce que l'on a déjà préparé dans sa tête. Cela vaut la peine de bien réfléchir sur ce sujet. La manière dont on considère les êtres et les choses, voilà ce qui compte et ce qui agit. Cela se vérifie dans tous les domaines de l'existence. Par exemple, si vous considérez la personne avec qui vous partagez votre vie comme un moyen d'arranger vos affaires matérielles, de satisfaire votre vanité, de donner libre cours à votre sensualité, à vos besoins de plaisirs, vous vous liez aux forces inférieures de l'astral, et ne soyez pas étonné si un jour vous voyez s'effondrer tous les rêves de bonheur que vous aviez échafaudés. Au contraire, si vous vous habituez à considérer cette personne comme un aspect, une manifestation de la Divinité, à travers elle vous entrerez en communication avec les puissances célestes, vous recevrez de grandes bénédictions et vous vivrez dans la joie.

Quelle aventure extraordinaire, la vie de l'épi de blé ! Il est coupé par les hommes, lié en gerbes, battu et envoyé au moulin pour y être broyé par la meule. Quand il est réduit en farine, on le mêle à l'eau, on le pétrit longuement, on le place dans le four où le feu le cuit. Et lorsqu'il pense que cette série d'épreuves touche à sa fin, voilà le couteau qui le coupe en tranches et les dents des hommes qui se mettent à le mastiquer !... Un grand enseignement est contenu dans la vie de l'épi de blé, et il est bon de le méditer, car l'évolution de l'homme lui-même se déroule d'après le même processus. Au cours d'innombrables épreuves il est cuit et façonné jusqu'au moment où, comme le blé, il sera enfin un pain bien doré et nourrissant prêt à être offert en sacrifice pour le salut de l'humanité.

Combien de parents et d'éducateurs savent la différence qui existe entre l'amour et la faiblesse ? Ils ne savent pas montrer aux enfants qu'il existe des lois irréductibles devant lesquelles tous sont obligés de s'incliner, que l'on soit jeune ou adulte. « Mais ces pauvres enfants, s'ils pleurent ? » Qu'ils pleurent ! Ils doivent comprendre que tout le monde est obligé de se soumettre à ces lois. Dès qu'un enfant pleure, tous sont prêts à céder pour que ce petit chéri ne soit pas malheureux. Eh bien, à ce moment-là, c'est fini, ils céderont toujours et c'est eux un jour, ces parents, ces éducateurs, qui souffriront parce qu'ils auront confondu l'amour avec la faiblesse. Il pleure ? Eh bien qu'il pleure un peu, il exerce ses cordes vocales et pendant ce temps il comprend aussi qu'il y a des lois à connaître et à respecter.

Quelqu'un dit : « Je m'efforce d'être honnête, bon, généreux, mais à quoi cela servira-t-il, puisque partout dans la nature et dans la société règne la loi de la jungle ? Pourquoi devrais-je faire exception ? Moi aussi, je vais lutter, donner des coups et je réussirai. » Combien de fois on entend ce raisonnement ! Mais ceux qui parlent ainsi ne tiennent compte que de ce qu'ils voient sur la terre et qui représente seulement une partie de la vérité. S'ils jetaient un regard vers le ciel, ils verraient qu'il y a aussi le soleil, et le soleil, c'est l'autre moitié de la vérité. Alors que sur la terre les animaux et les hommes ne font qu'absorber, engloutir, prendre, ravager, le soleil ne fait que briller, rayonner, projeter, donner. Pourquoi ? Pour que nous ayons la vie, la chaleur, la lumière. Aurions-nous encore la vie s'il n'existait pas une autre loi, la loi de l'amour et du sacrifice qui n'est pas la loi de la terre mais celle du soleil ? Non. Eh bien, si tout ce que vous voyez sur la terre vous décourage, pensez au soleil, acceptez ses lois et vous vous sentirez encouragé.

L'unité est la condition de la stabilité et de toute activité constructive. Dès que vous sentez un certain état de flottement, de dispersion s'installer en vous, arrêtez-vous, recueillez-vous et cherchez à atteindre le centre unique de votre être : votre Moi supérieur. C'est autour de ce centre que vont s'organiser harmonieusement tous les courants qui vous traversent, et quelles que soient les circonstances, vous sentirez s'installer en vous un équilibre que rien ne peut plus vous faire perdre.

L'équilibre… rien n'est plus important pour notre vie physique et psychique. Et en réalité, il faut si peu de chose pour être déséquilibré et tomber ! L'équilibre est une victoire de chaque instant sur les forces contraires, c'est pourquoi il est toujours menacé. Il faut apprendre à maîtriser ces forces contraires, et pour les maîtriser on a besoin d'y voir clair, d'être attentif et déterminé.

Un barrage n'empêche pas l'eau de couler. Celui qui fait un barrage sur une rivière sait qu'il doit prévoir d'autres voies d'écoulement, sinon il arrivera le moment où elle débordera et emportera tout. Eh bien, c'est la même chose pour l'être humain : s'il veut refouler ses instincts et particulièrement l'instinct sexuel, les tensions s'accumulent dans son subconscient et il arrive un moment où tout est emporté. Il ne faut pas gaspiller ses énergies, et il ne faut pas les bloquer non plus. La solution, c'est de leur donner un chemin pour qu'elles puissent irriguer toutes nos terres : comme les Égyptiens dans le passé qui avaient creusé des canaux pour que les eaux du Nil puissent fertiliser leur pays. En réalité, c'est la nature elle-même qui s'est déjà chargée d'installer en l'homme des canalisations grâce auxquelles les énergies sexuelles peuvent être dirigées vers le cerveau. Et ce n'est pas parce que les anatomistes ne les ont pas encore découvertes et décrites qu'elles n'existent pas. C'est donc à vous de les découvrir et de travailler pour devenir chaque jour plus lucide, plus intelligent, plus créateur.

Celui qui est amoureux n'a aucun doute sur ce qu'il ressent. Pourtant, il ne voit pas son amour, il ne le touche pas, car c'est quelque chose d'impalpable. Celui qui a une opinion, des convictions, est-ce qu'il les voit, est-ce qu'il les touche ? Non, et pourtant il est prêt parfois à se battre et à mourir pour elles. Et celui qui dit : « En mon âme et conscience, je condamne cet homme », porte un jugement lourd de conséquences au nom de quelque chose qu'il n'a non plus jamais vu. Comment se fait-il qu'il attache soudain une telle importance à cette âme et à cette conscience qui sont invisibles ? Sans s'en rendre compte le monde entier ne croit qu'à des choses invisibles, impalpables : tous sentent, aiment, souffrent, pleurent, se réjouissent pour des raisons invisibles... Et ensuite ils prétendent ne croire qu'à ce qu'ils voient, à ce qu'ils touchent ! Quelle contradiction !...

Combien de gens se plaisent à fouiller dans la vie des autres pour y découvrir quelques fautes cachées et aller les raconter partout ! Sur leur visage, on ne lit que doute, méfiance, et leurs regards soupçonneux voient la malhonnêteté et la trahison même là où elles ne sont pas. Mais dites-moi un peu quelle est l'utilité d'agir ainsi ! Non seulement ces gens-là sèment le désordre, mais ils se rendent tellement antipathiques ! Avec leur mine sombre, ils se mettent à ressembler eux-mêmes à des malfaiteurs. Eh oui, c'est cela qui est extraordinaire : tous ces gens tellement méfiants et qui s'imaginent incarner la justice et l'honnêteté, finissent par porter sur leur propre visage les marques des défauts et des vices qu'ils sont continuellement occupés à flairer autour d'eux. Tandis que regardez le visage de celui qui cherche à découvrir les qualités et les vertus cachées des êtres : il reflète peu à peu la lumière de la splendeur divine.

Tellement d'abominations ont été commises au nom de l'amour de Dieu que, de plus en plus, ceux qui parlent de cet amour-là ne font que s'attirer la suspicion. Désormais, c'est vers les humains que l'on veut se tourner, et abandonner cette Divinité lointaine qui n'était qu'un prétexte pour les persécuter.

Mais la vérité, c'est que si on n'apprend pas à aimer Dieu tout d'abord, on ne saura pas comment aimer les humains, car cet amour ne sera ni intelligent, ni éclairé. Il ne faut pas faire tellement confiance à ce qui sort du cœur de l'homme, car s'il contient certainement de bonnes choses, il contient aussi l'avidité, la violence, la possessivité. Le cœur humain est une caverne obscure d'où peuvent sortir tous les monstres ; il faut donc le purifier, l'éclairer, ce que nous ne pouvons faire que si nous apprenons à nous tourner vers le Créateur. Même lorsque nous pensons aux créatures, nous ne devons jamais oublier le Créateur afin de garder la bonne orientation.

Il est très désagréable de souffrir. Mais pourquoi aggraver encore cette souffrance en y ajoutant la colère, la révolte, le découragement, et finir par perdre la foi en ce qui est essentiel : la sagesse et l'amour divins ? Puisqu'il faut souffrir, puisqu'on ne peut pas échapper aux difficultés et aux épreuves, il est quand même plus intelligent de les utiliser pour s'enrichir plutôt que pour s'appauvrir. La douleur est une réalité, et une réalité terrible ! Si on interroge certains êtres qui ont été persécutés, ils vous diront, bien sûr, que sur le moment leur seul souhait était qu'on vienne les arracher à cet abîme au fond duquel ils avaient la sensation d'être précipités ; mais des années après ils reconnaissaient que ces expériences les ont enrichis, renforcés, et ils ne regrettent pas d'avoir été obligés de passer par là.

Vous êtes les héritiers du ciel et de la terre. Mais pour gagner cet héritage, vous devez vous tourner vers le Créateur, votre Père céleste. Et se tourner vers le Père céleste sous-entend que vous vous fermiez aux entités et aux courants ténébreux. Ceux qui sont ouverts à tous les vents en s'imaginant qu'on peut regarder du côté du Seigneur et en même temps du côté du Prince de ce monde, s'exposent à tout perdre.

Malheureusement, même parmi les croyants, beaucoup sont très accommodants : ils veulent bien servir le Seigneur, mais en même temps ils gardent des liens avec le Prince de ce monde, celui qui donne tous les biens matériels, les plaisirs, l'argent, la gloire. Même s'ils n'en sont pas conscients, combien de chrétiens ont oublié les paroles de Jésus : *« Nul serviteur ne peut servir deux maîtres. Vous ne pouvez servir Dieu et Mammon. »*

Il est dit dans les Écritures : *« Vous êtes le temple du Dieu vivant »*. Oui, un être humain qui a su renforcer sa volonté, purifier son cœur, éclairer son intellect, élargir son âme et sanctifier son esprit, un tel être est devenu un véritable temple, son corps physique lui-même est un temple, et il peut inviter le Seigneur à venir l'habiter. Malheureusement la majorité des humains ne prennent aucun soin de leur temple, ils ne cessent de l'abîmer en se servant de lui pour assouvir leurs instincts et chercher tous les plaisirs : le corps n'est plus alors un temple, c'est une étable, une écurie. Comme dans le Temple de Jérusalem où les marchands amenaient toutes sortes de bestiaux et de volailles qu'ils vendaient. Tout le monde trouvait cela normal, excepté Jésus qui a pris des cordes pour faire un fouet et a chassé tous ces marchands en disant : *« Ôtez cela d'ici, ne faites pas de la maison de mon Père une maison de trafic. »*

Alors, n'imitez pas les marchands du Temple, ne faites pas de votre corps un repaire d'animaux ; sinon, ce ne sera pas le Seigneur qui viendra l'habiter, mais des entités inférieures, des indésirables qui aiment se nourrir de matières impures. Et avec de tels locataires, comment croyez-vous que vous allez vous sentir ?

Tout vit, tout vibre, tout rayonne. Si vous étiez clairvoyant, vous verriez ce rayonnement de toute la création. Mais même si vous ne le voyez pas, vous pouvez le sentir, ce qui est encore plus important car, pour la vie intérieure, la vie spirituelle, sentir est supérieur à voir. On peut voir et ne rien sentir. La preuve, c'est ce que font la majorité des humains : ils voient, mais ils ne bénéficient pas beaucoup de ce qu'ils voient, car ils sont comme enfermés au fond d'eux-mêmes, portes et fenêtres barricadées, plus rien n'arrive jusqu'à eux. Et si Dieu en personne venait les visiter, sans doute se contenteraient-ils de Le regarder d'un œil critique, car beaucoup de choses chez Lui ne leur plairaient pas. Donc, voir seulement ne change rien en profondeur ; c'est la sensation qui vous donne la connaissance de la réalité.

Se perfectionner est une entreprise difficile, et beaucoup, voyant la lenteur de leurs progrès, finissent par abandonner le travail, tandis que d'autres, tellement déçus d'eux-mêmes, se désespèrent. Eh bien, les premiers sont des faibles et des paresseux, et les autres sont des orgueilleux. Il n'y a aucune raison de se laisser aller au désespoir parce qu'on s'aperçoit qu'on est encore loin de correspondre à l'image magnifique qu'on se fait de soi-même. Il faut être humble et se dire : « C'est entendu, tu n'as pas encore réussi cette fois, et tu ne réussiras peut-être pas la prochaine, mais ce n'est pas une raison pour t'arrêter de poursuivre tes efforts. » Il ne faut jamais perdre le désir de progresser. Si vous tombez, ce n'est pas grave, à condition que vous fassiez chaque fois l'effort de vous relever. Dans toutes les circonstances de la vie, le plus important est de garder le goût de se perfectionner. Car il y a toujours à se perfectionner, l'idée de perfectionnement est inséparable de l'existence humaine.

C'est tous les jours que nous devons lutter contre nos propres ténèbres, nos propres pesanteurs. Oui, lutter tous les jours. Vous direz : « Mais jusqu'à quand cela va-t-il durer ? » Tant que l'homme viendra s'incarner sur la terre, il devra prendre un corps, et un corps est par nature pesant, grossier, il ne peut échapper à l'emprise de la matière. Ce n'est qu'au moment où il coupera définitivement ses attaches avec la terre, à la fin de son évolution, qu'il échappera à cet écrasement, à cette obscurité. Mais aussi longtemps qu'il sera sur la terre, il ne faut pas qu'il se fasse d'illusions, il ne pourra pas y échapper. La seule différence, c'est que le véritable spiritualiste, qui est conscient, lutte, se cramponne au Seigneur, à la lumière, à l'amour, à l'espérance, à la foi. Il prie, il médite, et intérieurement il arrive de plus en plus souvent à se libérer de cette pesanteur.

Qu'est-ce que notre corps ? La réunion d'éléments qui se trouvaient auparavant dans la terre, l'eau, l'air, le feu. Ils formaient la matière d'autres corps qui, avec le temps, se sont décomposés. Et lorsque nous mangeons maintenant des fruits ou des légumes en disant : « Ça, c'est une poire ou une pastèque, ça c'est une laitue ou un concombre… » c'est vrai, mais avant d'exister sous cette forme et ces couleurs que nous avons là sous les yeux, à combien d'autres formes animées ou inanimées ces éléments ont-ils appartenu et sous combien d'autres couleurs ! Depuis l'origine du monde, ce sont toujours les mêmes éléments qui entrent dans la constitution des minéraux, des végétaux, des animaux et des hommes. Quand le temps ou un accident les désintègre, ils retournent dans les grands ateliers de la nature pour y être transformés ; mais les éléments eux-mêmes qui les constituent restent éternellement neufs, purs et inoxydables. Peu importe que toutes les formes vivantes s'usent, moisissent, pourrissent et tombent en poussière : la nature les reprend dans ses ateliers et les redonne comme une nourriture fraîche à tous les êtres vivants, ou elle les utilise pour construire de nouveaux corps aux créatures. C'est elle qui nous enseigne la loi du recyclage, oui, dans la nature rien ne se perd, rien ne se crée, tout se transforme.

Quels sont les êtres dont l'humanité garde précieusement la mémoire : ceux qui sont arrivés à se surpasser, ou bien ceux qui se sont laissés aller à satisfaire leurs besoins de plaisirs et de jouissances ? Quelles que soient la bonté et l'indulgence que l'on ait pour les humains, on ne peut pas nier qu'il existe une hiérarchie parmi eux, et que certains sont restés très bas, proches de l'animal, tandis que d'autres ont atteint des sommets. Ces êtres exceptionnels se sont distingués des autres par leur vie sensée, belle, et surtout utile à autrui ; on ne leur aurait pas donné cette place d'honneur s'ils n'avaient rien fait de bon pour la collectivité.

Quand on étudie tous ces personnages qui sont restés dans l'histoire à cause de leur génie, de leur élévation morale, de leur force de caractère, on est donc obligé d'admettre qu'il y a une façon supérieure de vivre, de penser, de se développer. Et ce sont ces êtres magnifiques, ces bienfaiteurs de l'humanité, avec leur noblesse, leur probité, leur désintéressement, que nous devons suivre et prendre pour modèles.

Un mantra, une formule sacrée, est comme un moule qui doit être rempli de vie intense, c'est-à-dire d'amour et de foi. Et parce que le son agit sur la matière, il est important de le prononcer à haute voix. Pour que les puissances invisibles aient la possibilité d'agir, la parole est nécessaire. Prononcée à voix haute, une formule déclenche des courants qui à travers les Hiérarchies célestes montent jusqu'au Trône de Dieu ; et il faut la prononcer au moins trois fois, pour qu'elle puisse toucher les trois mondes : physique, spirituel et divin. La répétition de la même formule sans se lasser agit dans les profondeurs du subconscient où se trouvent les racines de notre être, et c'est là, dans les racines de notre être, que nous avons de grandes possibilités de transformation.

Pourquoi les humains ont-ils peur du sacrifice ? Pourquoi repoussent-ils l'idée de sacrifice ? Parce qu'ils ont l'impression qu'ils vont perdre quelque chose. Sous prétexte que, le plus souvent, c'est pour les autres qu'on doit faire des sacrifices, ils s'imaginent que ce sont les autres qui gagneront quelque chose à leurs dépens. Eh non, c'est tout le contraire, et en pensant ainsi ils se coupent de la source de la vie et de la joie.

Devant celui qui accepte le sacrifice avec bonne volonté et amour, soudain, les barrières tombent, et il sent déferler un océan de lumière qui l'emporte dans ses flots. Que les humains changent d'attitude mentale et ils découvriront que chaque geste, chaque action, chaque démarche qu'ils ont à faire pour les autres peut les renforcer, les vivifier et les réjouir.

Si vous savez observer la nature, vous verrez qu'elle ne cesse de nous présenter des méthodes pour résoudre nos problèmes. Par exemple : comment l'huître s'y prend-elle pour fabriquer une perle ? À l'origine, il y a un grain de sable qui est tombé dans sa coquille, et ce grain de sable est une difficulté pour elle, il l'irrite. « Ah, se dit-elle, comment m'en débarrasser ? Il me gratte, il me démange, que faire ? » Elle commence à réfléchir, elle se concentre… elle médite ! Et un jour elle commence à sécréter une matière spéciale avec laquelle elle enveloppe ce grain de sable tellement irritant, de façon à ce qu'il devienne lisse, poli, velouté. Et quand elle y a réussi, elle est contente, elle se dit : « J'ai vaincu une difficulté, je l'ai transformée ! » Alors, voilà la leçon de l'huître perlière : elle vous apprend que par la pensée vous pouvez envelopper vos ennuis, vos contrariétés d'une matière lumineuse, irisée, et ainsi vous amassez des richesses inouïes au-dedans de vous. Le véritable spiritualiste est celui qui sait travailler sur ses difficultés pour en faire des perles précieuses.

Celui qui veut faire un travail bénéfique pour toute l'humanité doit savoir qu'il ne sera pas accueilli partout avec compréhension et reconnaissance, mais qu'il éveillera aussi des forces hostiles. Et puisqu'il le sait, il prend des précautions, et il continue son travail. Ce n'est pas parce qu'on va éveiller des hostilités qu'on ne doit plus travailler pour la lumière ; là aussi il faut savoir être audacieux et continuer. Celui qui veut être tranquille, doit ne rien vouloir faire de grand, de courageux, mais rester insignifiant, effacé : à ce moment-là, bien sûr, il ne provoquera aucune réaction. Mais est-ce une solution de renoncer à tout ce qui est grand et beau dans la vie pour être tranquille ? Non, malgré des difficultés, malgré des oppositions, malgré les critiques, il faut choisir le chemin de la générosité, de la noblesse, et continuer jusqu'à la victoire !

Chaque fois que l'homme obéit à un désir inférieur en lui, il s'enchaîne et devient esclave ; c'est pourquoi on voit tellement d'esclaves sur la terre. Même si les humains paraissent libres, en réalité intérieurement ils obéissent fidèlement à un maître : leur nature inférieure qui les exploite sans pitié. Quand ils ont succombé, ils croient se justifier en disant : « C'était plus fort que moi ». Eh bien, justement, du moment qu'ils prononcent cette phrase, c'est qu'ils sont déjà esclaves, il y a là quelqu'un d'autre en eux qui les tient et les tient bien. Un homme libre ne dit jamais : « C'était plus fort que moi », car c'est la phrase de la capitulation, la carte de visite où il est inscrit : « Je suis faible, je suis ignorant. » Même si sur sa carte il est écrit : président de ceci, directeur de cela, inspecteur… un sage y lit tout à fait autre chose.

Au moment où vous souffrez, pensez qu'un jour vous considérerez cette expérience comme une richesse, et cette pensée vous sera doublement utile. D'abord parce qu'elle correspond à la réalité (cette expérience douloureuse sur le moment finira par vous être bénéfique) et il est toujours préférable d'avoir cette vérité présente à l'esprit. Ensuite, au moment où vous formulez cette pensée, elle vous aide à vous détacher de ce que vous êtes en train d'endurer ; car vous prenez une distance, vous vous élevez au-dessus, et donc déjà vous supportez mieux cette épreuve. C'est cela aussi le pouvoir de la pensée : elle nous aide à prendre des distances par rapport au mal que nous sommes en train de subir.

Même si les humains se plaignent du mal et désirent le bien, on dirait qu'ils sont beaucoup plus convaincus de la puissance du mal que de celle du bien. L'expérience leur a montré, disent-ils, que celui qui veut démolir les êtres et créer du désordre y réussit plus facilement et plus rapidement que celui qui veut se rendre utile et redresser une situation ; alors, pourquoi faire tellement d'efforts ? Et ils se découragent, ils ne réagissent pas ou se laissent même entraîner à mal agir eux aussi. Mais il y a une question qu'ils ne se sont pas posée : le temps que vont durer les succès que le mal semble remporter. Eh oui, pour tirer des conclusions vraiment valables, il faut faire intervenir le facteur temps : combien de temps dureront ces succès ? Car au moment où le mal se met en marche, les forces du bien, elles aussi, se lèvent pour rétablir l'ordre.

Combien de gens se plaignent : « Je cherche la lumière. Je prie tous les jours, mais Dieu ne m'entend pas, je ne rencontre que des difficultés, je suis malheureux, malade, je ne trouve plus aucun sens à ma vie. » À qui la faute ? Si vous vous débattez parmi tant de difficultés, c'est que vous les avez attirées. « Mais ce n'est pas ce que j'avais demandé, je ne savais pas. » Que vous sachiez ou non, vous avez transgressé des lois et vous en subissez les conséquences. L'ignorance n'est jamais une excuse. Si vous ne respectez pas le code de la route, la police arrive pour vous mettre une contravention, et il est inutile de dire : « Mais, monsieur l'agent, je ne savais pas que… », il continue tranquillement à écrire la contravention, il ne veut pas entendre si vous saviez ou non ; pour lui, vous deviez savoir. Donc, désormais efforcez-vous de mieux accorder votre conduite à vos aspirations spirituelles ; puisque vous n'aurez plus l'excuse de ne pas savoir, si vous ne le faites pas, vous serez doublement coupable et vous souffrirez.

Si nous sommes sur la terre, il y a une raison, sinon les Seigneurs des Destinées auraient pu nous envoyer ailleurs… Les régions ne manquent pas dans l'univers qui sont certainement d'agréables lieux de villégiature.

En réalité, le meilleur endroit où aller est le soleil. Vous direz : « Le soleil ? Mais on serait brûlé ! » Bien sûr, si vous y allez avec votre corps physique. Mais qui a dit que vous deviez y aller avec votre corps physique ? Le corps physique est adapté à notre existence terrestre. Pour aller sur les autres planètes ou sur le soleil, nous avons d'autres corps. Il existe différentes formes de vie dans l'univers auxquelles correspondent différents aspects de la matière. Et si nous ne pouvons pas aller dans le soleil avec notre corps physique, nous pouvons y aller au moins avec notre âme et notre esprit.

À la moindre contrariété, voilà chez la plupart des gens tout un mécanisme intérieur qui se met en marche : n'importe quelle occasion leur est bonne pour ruminer des pensées et des sentiments d'agacement, de colère, d'hostilité. Tout ce que font les autres est interprété en fonction de leurs propres désirs, de leurs propres attentes, et alors gare à eux s'ils ne répondent pas à ces attentes ! Non seulement on leur en veut, mais on leur prête toutes sortes d'intentions malveillantes. On ne se demande pas si ces personnes étaient occupées, retenues ailleurs, si elles avaient des soucis, si elles étaient malades ou si, dans la situation qui est la leur, leur conduite n'est pas justifiée. Non, pourquoi se poser de pareilles questions ? On préfère interpréter leur conduite comme des affronts personnels. Mais quand les humains se rendront-ils compte que ce ne sont pas les autres qui leur font le plus de mal, mais eux-mêmes, parce qu'ils ne cessent d'écouter leur nature inférieure, tellement névralgique, qui se nourrit d'idées fausses et de croyances erronées ?…

Le trouble, la confusion sont des états qui finissent toujours par avoir des conséquences déplorables. Alors, au moment où vous vous rendez compte que ces états sont en train de s'insinuer en vous, tâchez tout de suite de redresser la situation en commençant par en chercher la cause. Car cet état a nécessairement une cause : pour en être arrivé là, c'est qu'à un moment ou à un autre, vous avez commis une erreur, et maintenant, bien sûr, vous ne savez plus très bien où vous en êtes ni ce que vous devez faire. La seule façon d'y remédier, c'est de vous lier à ce centre lumineux en vous, votre esprit ; ensuite, efforcez-vous de recréer l'unité autour d'une activité bénéfique afin de reprendre la bonne direction.

Pour affaiblir un groupe de personnes et s'imposer à elles, il suffit de les diviser, et les effets pernicieux de la division sont bien connus dans les domaines politique, social, professionnel, familial. C'est dans le domaine intérieur qu'on ne les a pas encore suffisamment étudiés. Un homme qui doute introduit la division en lui-même ; c'est comme s'il voulait prendre en même temps deux directions contraires : il ne peut que chanceler. Vous direz qu'il n'est pas toujours facile d'acquérir les certitudes qui vous permettent de prendre des décisions. Je sais, mais pour échapper au doute destructeur, il y a une méthode, et cette méthode consiste à s'élever sur un plan supérieur en se disant : « Bien sûr, je suis ignorant, je ne possède pas l'intuition et la lucidité nécessaires pour connaître tout à fait la réalité, mais cela ne doit ni me troubler ni me paralyser. Je mets ma foi dans le bien, dans la lumière et je continuerai à agir avec honnêteté, désintéressement et courage. » Si vous savez vous maintenir dans cet état d'esprit, vous finirez par triompher de tous les doutes qui peuvent vous assaillir.

Une religion n'est qu'une forme que prend l'esprit pour se manifester. Or, aucune forme ne demeure inchangée. Le christianisme, qui est né dans le Moyen Orient, a reçu dès le début certains éléments des cultures grecque et latine ; ils se sont ajoutés aux éléments hérités de la religion juive, qui avait elle-même été influencée par les religions des pays voisins : Égypte, Mésopotamie, etc. Une religion ne naît jamais de rien, elle reçoit les éléments des religions antérieures, et elle-même se transforme au fur et à mesure de sa diffusion loin de son lieu d'origine. C'est ainsi que les peuples d'Afrique, d'Amérique ou d'Asie qui ont été convertis au christianisme, y ont mêlé des éléments de leur propre culture.

Qu'on le veuille ou non, les religions se transforment. Même si ce sont toujours les mêmes textes sacrés, il y a une distance de plus en plus grande entre ce que les gens lisent et la manière dont ils pensent et agissent. L'évolution est la loi de la vie, c'est pourquoi il n'est pas raisonnable de s'acharner à éterniser les formes d'une religion.

Dès que vous vous sentez inquiet, troublé, ne vous abandonnez pas à cet état, empêchez vos pensées de suivre cette pente négative, sinon vous finirez même par vous en prendre au Seigneur qui a tellement mal fait les choses. Quoi qu'il arrive, efforcez-vous de garder un lien avec cette région de paix en vous qui est à l'abri des tribulations ; ne laissez pas votre conscience s'obscurcir à cause de toutes sortes de pensées et de sentiments inférieurs.

Regardez le trapéziste ou le funambule : il évolue librement dans l'air, et cette liberté lui vient de ce qu'il ne se laisse pas distraire par des éléments étrangers qui lui feraient perdre sa concentration et le précipiteraient sur le sol. Alors, vous aussi, pour vous maintenir dans les hauteurs, tenez votre conscience à l'abri des agitations, des préoccupations négatives, des désirs troubles. C'est à cette seule condition que vous resterez dans les régions de la lumière et du silence intérieur.

Vouloir combattre la religion au nom de l'objectivité, de la science, de la raison, est une entreprise vouée à l'échec. On ne peut pas plus supprimer le sentiment religieux qu'on ne peut supprimer les autres sentiments. Car il y a là un domaine où la seule raison n'a pas sa place. Le sens du sacré, le besoin qu'éprouve l'homme de se sentir relié à un monde supérieur, le monde divin dans lequel il a son origine, est inscrit dans sa structure même. On peut essayer de le nier, de le combattre, d'en extirper les racines, et pendant un moment il arrive même qu'on y réussisse. Mais ces succès ne dureront pas, et tôt ou tard on sera aussi obligé de constater tous les dégâts qu'une telle entreprise aura produits, non seulement sur les individus, mais dans la société.

Celui qui dans sa vie intérieure s'efforce de donner la première place à l'activité du Moi supérieur, participe déjà au travail cosmique du Christ, de Dieu Lui-même. Oui, cette activité qui se déploie dans une autre sphère, et le plus souvent même à son insu, est quelque chose de mystérieux.

Lorsque vous êtes absorbé dans vos tâches quotidiennes, vous ne savez pas ce que fait l'esprit en vous. Un jour, peut-être, quand votre cerveau se sera suffisamment développé, vous deviendrez conscient de ce travail que fait votre esprit dans toutes les régions de l'univers. Pour le moment, l'essentiel, c'est que vous rétablissiez le lien avec lui. Comment ? D'abord, pendant les méditations, apaiser les habitants en vous, les mettre au service de l'amour et de la lumière. Peu à peu ce travail se fera naturellement, sans même que vous y pensiez, et c'est ainsi que vous rejoindrez votre Moi supérieur qui est une quintessence de Dieu Lui-même.

Vouloir prouver par des arguments l'existence de Dieu est une entreprise inutile et stérile. On peut, par le raisonnement : « Étant donné que… puisque… donc… » présenter certains arguments prouvant son existence. Mais par les mêmes méthodes, on peut prouver sa non-existence ! Plus on veut prouver que Dieu existe, plus on risque d'introduire le doute dans les esprits. Si les gens ne sont pas prêts à accepter ce que vous leur dites, rien à faire. Il faut que l'ouverture vienne d'eux, ce n'est pas vous qui pourrez les ouvrir.

Vous direz : « Oh, mais tous ces mécréants, si quelqu'un faisait des miracles devant eux, ils seraient bien obligés de croire à toutes ces grandes vérités que la religion, les Livres sacrés nous enseignent. » Pensez-vous ! Tout au plus seraient-ils impressionnés quelques instants comme devant un numéro de prestidigitation, et puis ils oublieraient. Vouloir prouver l'existence de Dieu est inutile. Il n'y a en réalité qu'une chose à faire : amener les humains jusqu'à ce niveau de conscience où la question de l'existence de Dieu ne se pose même plus.

Tout est dans la façon de considérer les êtres et les choses. Si votre conscience est éclairée, chacune de vos pensées peut être le point de départ de réalisations magnifiques ; sinon, vous rejetez les richesses offertes par la nature et les êtres humains, et vous ne comprenez rien, vous ne gagnez rien.

Regardez seulement comment les humains vivent les uns à côté des autres : ils se croisent et passent sans être plus conscients de leur présence mutuelle que s'ils étaient des morceaux de bois. Regardez comment ils se bousculent ! Alors, leur parler des relations qu'ils doivent avoir avec la nature, c'est vraiment beaucoup trop leur demander. Ils se croient et se disent les seuls êtres vraiment vivants, intelligents dans l'univers, et pour donner des preuves de cette vie, de cette intelligence, que font-ils ? Ils se limitent, s'assombrissent et mortifient tout en eux ! C'est dans leur conscience qu'ils ont maintenant quelque chose à modifier.

Vous avez chez vous une installation électrique qui vous permet de mettre en marche un certain nombre d'appareils. Comment ? En branchant une prise. Vous branchez la prise de votre lampe et vous avez la lumière ; vous branchez la prise de votre radiateur et vous avez la chaleur ; vous branchez la prise de votre poste de radio ou de télévision et vous recevez des sons ou des images, etc. L'électricité qui arrive chez vous et qui vous permet de faire marcher ces appareils dépend d'une centrale. Et si vous ne restez pas connecté à cette centrale, vous serez dans l'obscurité, vous grelotterez et vous n'entendrez rien des messages qui circulent dans le monde. Eh bien, symboliquement, dans notre vie spirituelle la centrale c'est le Seigneur, et tout ce qui alimente notre cœur, notre intellect, notre âme et notre esprit vient de cette centrale. Alors, ne pas se rendre compte combien il est important de rester lié au Seigneur, c'est se mettre dans les pires conditions de faiblesse, de ténèbres et de froid spirituels.

La fête de la Saint-Jean a lieu le 24 juin. Elle est sous la protection de l'Archange Ouriel qui préside à l'été. L'Église ne mentionne généralement que trois Archanges : Gabriel, Raphaël et Mikhaël qui président aux trois fêtes cardinales du solstice d'hiver (Gabriel) et des équinoxes de printemps (Raphaël) et d'automne (Mikhaël). Pourquoi passe-t-elle Ouriel sous silence ?... Ouriel est un Archange de la lumière, son nom signifie : « Dieu est ma lumière » À la Saint-Jean, qui se situe au moment où le soleil entre dans la constellation du Cancer, on allume des feux dans la campagne, car c'est la fête du feu, de la chaleur qui fait mûrir les fruits et toutes choses. Pendant l'été, tout est en feu. Ce feu est aussi celui de l'amour, de l'amour physique, sensuel, cette énergie formidable qui bouillonne dans les créatures. La fête de la Saint-Jean est donc là pour rappeler au disciple qu'il est essentiel d'apprendre à travailler avec le feu de l'amour divin pour échapper au feu des passions inférieures.

Il ne faut jamais choisir un chemin pour les épreuves qu'on va y rencontrer, en s'imaginant susciter ainsi l'admiration des autres et l'approbation du Ciel. En Bulgarie, nous avons un proverbe qui dit qu'un saint trop zélé est même antipathique au Seigneur. Oui, car ce zèle-là est suspect. Il y a des êtres qui, par tempérament, sont poussés à se sacrifier pour des causes nobles. C'est leur idéal de générosité qui les pousse, presque malgré eux, sur cette voie difficile ; et c'est ce même idéal qui leur permet de ne jamais se décourager, mais aussi de rester humbles et pleins d'amour quoi qu'ils accomplissent. Or, il faut reconnaître que ces êtres sont rares. Alors, attention aux fanatiques qui recherchent la gloire du martyre dans des actes insensés ! Qu'ils ne s'imaginent pas qu'ils vont s'attirer ainsi les bénédictions du Ciel !

On entend fréquemment certaines personnalités s'indigner de ce qu'à notre époque encore les humains ne se soient pas débarrassés de croyances religieuses qualifiées d'irrationnelles. On est même obligé de constater qu'après une période de matérialisme, de scientisme, de plus en plus de gens se tournent à nouveau vers la religion, la spiritualité, le mysticisme, et que cette tendance prend parfois des formes tout à fait confuses et insensées. Même les autorités religieuses s'en émeuvent, parce qu'elles se sentent dépassées par ces nouveaux courants qu'elles n'arrivent pas à maîtriser. Eh bien, la responsabilité de cette situation en revient aux religieux eux-mêmes qui étaient plus préoccupés d'étendre la domination de l'Église que de répondre aux véritables besoins des âmes et des esprits. Mais elle revient également aux scientifiques et à leurs philosophies matérialistes qui laissent les gens aussi affamés et assoiffés. Alors, que les uns et les autres cessent de se lamenter sur une situation qu'ils ont eux-mêmes contribué à créer. Qu'ils essaient plutôt de voir ensemble comment ils peuvent y remédier.

Il y a tellement de choses à découvrir en regardant le soleil se lever, tellement d'exercices à faire pour s'imprégner de cette vie, de cette lumière, de cette chaleur ! Dès l'aube, déjà, c'est un véritable événement qui se prépare dans le ciel… Tous ces nuages sombres ou clairs qui apparaissent ou disparaissent… Puis toutes les couleurs de l'aurore qui sont comme autant de présences annonciatrices de cette présence éblouissante : le soleil. Cela vaut la peine de sentir ce que représente la naissance de chaque nouveau jour qui, depuis des milliards d'années, répète inlassablement la naissance du premier matin du monde… Et toutes ces créatures visibles et invisibles qui assistent à cette prodigieuse apparition de la lumière… Nous pouvons nous lier à elles pour saluer les puissances de la vie.

Il est dit dans les Écritures : « *C'est la vie éternelle de Te connaître, Toi, le seul vrai Dieu…* » Et comment « connaître le Seigneur » ? En se fusionnant avec Lui. Mais la fusion ne peut se faire qu'entre des objets ou des êtres de même nature, de même essence. Prenez par exemple un peu de mercure, éparpillez-le en petites gouttelettes, puis rapprochez ces gouttelettes : elles forment à nouveau une seule goutte. Supposez maintenant qu'avant de les rapprocher, vous laissiez tomber un peu de poussière sur certaines d'entre elles : quoi que vous fassiez ensuite pour les réunir, vous n'y arrivez pas. Eh bien, c'est ce qui se produit avec l'homme qui veut se fusionner avec le Seigneur sans s'être préalablement purifié. Tant qu'il reste sale, sombre, méchant, il ne peut pas s'unir au Créateur qui est beauté, lumière, amour, toutes ses impuretés forment un obstacle qui empêche cette union. Pour s'en débarrasser il doit faire certains sacrifices : apprendre à se dominer, se contrôler… C'est seulement à cette condition qu'il peut se mettre à l'unisson des vibrations, des ondes divines, et goûter la vie éternelle.

Comment aider les êtres à manifester leurs meilleurs côtés ? En leur montrant qu'on leur fait confiance. Vous constatez, par exemple, qu'une personne ne se conduit pas de façon honnête avec vous : elle vous sourit, vous félicite, mais dans votre dos elle vous critique injustement. Si vous voulez résoudre harmonieusement ce problème, continuez à lui manifester votre confiance, comme si vous ne soupçonniez rien. La confiance, même simulée, peut produire des effets très bénéfiques. Vous direz que c'est de la comédie. Cela dépend ce que l'on appelle comédie. Moi, j'appelle cela « pédagogie ». Il s'agit de s'adresser, à son insu, à la partie noble d'un être pour l'amener à prendre conscience de ses responsabilités et de ses devoirs. Il n'est pas question de lui mentir, de le tromper, de lui faire du mal, mais au contraire de l'aider à faire apparaître sa vraie nature, sa nature divine, en lui donnant les conditions de se manifester. Ce n'est donc pas de la comédie. Seulement, pour cela, il faut avoir fait longtemps un travail sur soi-même, avoir appris à se maîtriser, afin de ne pas se laisser aller à des réactions instinctives de colère, de révolte et de vanité blessée.

Combien de gens entretiennent en eux un état de perpétuelle indétermination ! Quand quelqu'un dit : « Non, je ne crois pas », il affirme au moins une forme de conviction. Mais ne jamais être sûr de rien, c'est se laisser continuellement ballotter à droite et à gauche : un jour on va dans un sens, le lendemain dans un autre, et au moment d'agir, on remet chaque fois l'entreprise en question : « Est-ce que j'ai raison de m'engager ?... Est-ce que je ne devrais pas plutôt faire autre chose ? » C'est déplorable ! On peut se poser des questions, on peut hésiter, oui, et il est même très utile de le faire, mais cela ne doit pas durer toute la vie. Il arrive un moment où il faut acquérir une certitude, prendre une décision et agir. Le doute disperse nos forces, il trouble nos pensées et nos sentiments. Et une fois que la pensée et le sentiment sont troublés, la volonté est affaiblie et il est impossible de fournir les efforts nécessaires pour l'action.

Parce que Dieu veut Se connaître à travers la matière, Il a créé les soleils, les planètes, les pierres, les plantes, les animaux… et aussi les humains. Et parce qu'il a été créé à l'image de Dieu, l'homme aussi veut se découvrir au travers de la matière. Son esprit est plongé dans la matière de son corps, qui est un résumé de l'univers, et il cherche à se connaître à travers elle. Mais cette connaissance ne viendra que lorsqu'il aura travaillé à rendre sa matière tellement subtile et transparente qu'elle ne sera plus un obstacle.

Nous sommes sur la terre pour atteindre un seul but : manifester la lumière et la puissance de l'esprit. Cette lumière et cette puissance sont toujours en nous, et quelquefois, dans des circonstances exceptionnelles, nous les sentons faire irruption. Nous croyons qu'elles nous sont venues subitement, d'on ne sait où… Non, nous les avions déjà en nous, mais à ce moment précis, nous sommes arrivés à ce que notre esprit puisse se manifester à travers notre matière.

Tout être humain qui vient s'incarner sur la terre, aussi évolué soit-il, porte en lui les germes des deux mondes, inférieur et supérieur. Vous voyez dans son berceau un petit enfant innocent, mais attendez quelques années !… Ce qui caractérise l'homme, c'est qu'il est en même temps une divinité et un animal. Oui, c'est la rencontre de ces deux natures, divine et animale, qui fait qu'il est un homme, et il ne peut se séparer ni de l'une ni de l'autre, il doit les laisser grandir ensemble, et travailler sur elles afin de les ajuster. C'est grâce à cet ajustement que nous pourrons poursuivre notre marche ascensionnelle durant notre vie terrestre. Si nous demandons à un grand Maître pourquoi le mal existe, il ne nous répondra pas, il nous enseignera seulement à travailler sur lui pour l'obliger à collaborer à la manifestation du bien.

Pour beaucoup, la foi n'est que l'affaire de gens ignorants, naïfs ou même un peu retardés, et ils sont convaincus qu'il est dans l'évolution de l'humanité d'abandonner ces croyances dites irrationnelles ! Eh bien, ils se trompent : la foi est au contraire fondée sur la connaissance des grandes lois universelles ; or, y a-t-il science plus essentielle que celle des lois ?

Avoir la foi, c'est construire son existence sur des bases solides, parce qu'on connaît les lois. Celui qui a la foi sent qu'il avance sur une voie bien tracée ; cette voie, c'est lui-même qui la choisit et qui décide de l'emprunter, parce qu'il connaît la loi des causes et des conséquences : il ne pourra récolter que ce qu'il a semé. Et tandis qu'il est occupé à construire quelque chose de solide, de beau, il n'a pas le temps de s'occuper de tout ce qui se raconte ou se fait d'inutile et de mauvais autour de lui ; son attention est concentrée sur le travail qu'il a entrepris. Et si des difficultés surviennent dans sa vie, les résultats qu'il a obtenus par ce travail et qui ont déjà contribué à le renforcer, l'aident à tout surmonter.

À la différence de ce qui se passe dans le plan physique, dans la vie psychique et dans la vie spirituelle les êtres humains ne sont pas uniquement hommes ou uniquement femmes. Ainsi, le mystique qui contemple la divinité est comme une femme qui veut recevoir une étincelle, un germe du Créateur. Il se consacre à la lumière de Dieu, il s'expose à elle et il reçoit ce germe dans son âme. Il le porte longtemps afin de mettre au monde un enfant divin. Dans le plan spirituel, l'homme comme la femme peut concevoir un enfant. En se liant au Créateur, il change de polarité, il devient femme et donne naissance à l'enfant amour et à l'enfant sagesse. De la même façon, si la vierge qui se consacre au service de Dieu se prépare aussi à épouser le Christ, c'est pour enfanter spirituellement. Dans la vie spirituelle, il n'y a pas de mariage stérile, mais à condition que les femmes et les hommes soient instruits des lois de la polarisation.

On plaint, soi-disant, les gens qui souffrent, mais on s'arrange toujours pour tirer parti de leurs malheurs. Un commerçant fait faillite ? Très bien, on va récupérer sa clientèle. Deux pays entrent en guerre ? Formidable, on vendra des armes à l'un et à l'autre, etc. Vous n'avez qu'à observer : la vie des humains, leur vie personnelle aussi bien que leur vie collective, n'est faite que de calculs de ce genre. Si beaucoup plus de gens se préoccupaient véritablement du bien-être de leurs semblables, combien d'améliorations ils parviendraient à réaliser ! Mais ils se contentent de constater le mal en répétant : « Comment est-ce possible ? Pourquoi des choses pareilles arrivent-elles ? Quelle horreur ! » Et cela ne les empêche pas de continuer à arranger leurs affaires sur le dos des autres, s'ils le peuvent. Eh oui, le malheur des uns fait le bonheur des autres, comme on dit. Voilà pourquoi, sur cette terre, le mal a encore de quoi s'occuper et se réjouir.

Celui qui veut acquérir la maîtrise de sa destinée ne doit pas tellement se préoccuper de ce qui peut lui venir de l'extérieur : difficultés ou facilités, pertes ou bénéfices. Qu'il travaille seulement en sachant que toutes les possibilités sont en lui-même. Ainsi il va se renforcer et il deviendra de plus en plus capable d'affronter toutes les situations.

Dans quelque domaine que ce soit, vous ne devez compter sur aucune acquisition extérieure, aucun succès extérieur. S'ils viennent, ils sont évidemment les bienvenus, mais ne comptez pas dessus, car rien de ce qui est extérieur n'est définitif et ne peut vous appartenir vraiment ; un jour ou l'autre, cela finit par vous échapper. Il faut seulement travailler pour être fort intérieurement, riche intérieurement, dans votre cœur, votre intellect, votre âme, votre esprit, afin que tout ce que vous avez acquis vous appartienne pour l'éternité. Voilà la véritable liberté, la véritable indépendance.

Les hommes et les femmes qui tombent amoureux souhaiteraient que leur amour ne s'arrête jamais. C'est possible, mais à condition de connaître certaines règles et de les appliquer. Si vous voulez vraiment garder votre amour pour un être, ne vous pressez pas de vous rapprocher physiquement de lui, car une fois passées les grandes ébullitions, vous allez vite vous lasser et vous commencerez à voir apparaître les mauvais côtés l'un de l'autre. Pour protéger votre inspiration, tâchez de garder une certaine distance. Ceux qui veulent rapidement tout connaître, tout goûter, n'éprouvent bientôt plus de curiosité l'un pour l'autre, ils n'ont même plus envie de se rencontrer, parce qu'ils ont trop vu, trop mangé, trop bu, ils sont saturés, et voilà, c'est fini. Cet amour qui leur apportait toutes les bénédictions, qui leur apportait le ciel, ils l'ont sacrifié pour quelques moments de plaisir. Pourquoi n'essaient-ils pas d'être plus vigilants ? Pourquoi se privent-ils si vite de ces sensations subtiles et poétiques qui donneraient la durée à leur amour ?

Tout être humain qui vient s'incarner sur la terre a nécessairement des erreurs à corriger, des dettes à payer et c'est ce que l'on appelle le karma. Ainsi, combien d'Initiés, combien de saints et de prophètes ont souffert pour réparer des fautes qu'ils avaient commises dans des incarnations antérieures ! Cela n'empêchait pas leur âme et leur esprit de vivre dans la splendeur divine, parce que, malgré les obstacles, malgré l'adversité, ils travaillaient sans relâche afin de garder le contact avec le monde divin.

La grandeur d'un Initié réside dans le fait qu'il ne perd jamais la conscience de l'existence en lui d'une région inattaquable, inaccessible : son esprit, où il peut se réfugier pour travailler. Une fois qu'il a réussi à s'élever jusque-là, même si le karma l'assaille, il se sent au-dessus, toujours au-dessus : le karma veut le limiter, il se libère ; il veut l'assombrir, il reste dans la lumière… Envers et contre tout, il continue son travail.

Le progrès technique permet la fabrication d'appareils et de produits de plus en plus nombreux pour remédier à toutes les erreurs, les maladresses et les négligences des humains : réparer, recoller, nettoyer… Et quelle publicité elle fait pour tous ces produits ! Mais l'aspect psychologique et moral de la question, c'est-à-dire rendre les humains plus attentifs à leurs pensées, à leurs gestes, ça, personne ne s'en préoccupe. Puisque les pharmacies, les hôpitaux, les garages, les blanchisseries, les drogueries… sont là, pourquoi faire attention, pourquoi être vigilant ?

On fait d'extraordinaires progrès dans le domaine matériel, mais dans le domaine psychique, c'est déplorable. Et ensuite on parle d'économie ! La véritable économie, c'est d'être attentif et raisonnable ; l'autre économie, celle des économistes, n'est en réalité que dépenses et ruines. Vous voulez pratiquer la véritable économie, avoir des richesses, des trésors avec lesquels vous pourrez ensuite aider les autres ? Eh bien, il faut être raisonnable, devenir attentif et maître de soi-même ; c'est tout.

Vivre la vie spirituelle est évidemment difficile. Étant donné la nature du but à atteindre, il est impossible d'y parvenir sans effort, d'autant plus que les routes qui y conduisent ne sont pas tellement fréquentées. Ce sont des chemins vierges et abrupts qui côtoient des précipices, et où seuls quelques Initiés ont marché. Mais plus la tâche est difficile, plus glorieux est le succès. La nature ne donne rien sans effort. Regardez seulement les compétitions sportives : les sauts d'obstacles, le ski, la course automobile, est-ce facile ?... Non, ce sont même des exercices dangereux. Mais les difficultés que l'on accepte quand il s'agit de sport, pourquoi ne les accepte-t-on plus quand il s'agit de la vie spirituelle ? Là, on veut que ce soit facile. Eh non, la nature a mis des obstacles pour voir quels sont, parmi ses enfants, ceux qui seront capables de se lancer dans cette entreprise grandiose et de triompher. C'est elle qui a jalonné le parcours de difficultés. Mais devant la splendeur de la victoire, ces difficultés, au lieu de nous décourager, doivent nous stimuler.

Dites-vous bien que ni les sympathies ni les antipathies ne peuvent servir de critères. Alors, exercez-vous à surmonter vos antipathies et à ne plus suivre aveuglément vos sympathies. N'oubliez jamais que dans la Fraternité Blanche Universelle nous avons pour idéal de former sur toute la terre une famille vivant dans la paix et l'harmonie, et que vous devez donner l'exemple. Même si quelqu'un vous déplaît, simplement parce que vous suivez cet enseignement vous devez faire l'effort de vous montrer ouvert, compréhensif. En faisant cet effort, c'est vous qui gagnez, car vous arrivez à vaincre en vous la nature inférieure qui cherche toujours à vous entraîner dans des complications, des malentendus et des luttes. Au moment où vous y parvenez, vous entrez dans un monde d'harmonie et de lumière, et bientôt vous constatez que tout change, car tous ceux que vous regardiez avant avec froideur et même hostilité sentent que votre regard a changé et ils se montrent aussi plus ouverts avec vous.

Tellement de gens prennent leur propre volonté pour la volonté divine ! Une idée, un désir les traverse, une conviction les projette dans telle ou telle direction, et voilà, ils sont persuadés d'exécuter la volonté de Dieu ! Comme si c'était si facile ! Et comme si Dieu était obligé de s'adresser à tous ces instruments tellement imparfaits pour leur faire connaître ses volontés ! Pour connaître la volonté de Dieu et devenir l'instrument de cette volonté, il faut travailler sans relâche afin de se dégager de ses faiblesses et de ses limitations. Car l'homme ne peut entrer en relation qu'avec les entités, les courants qui correspondent à ce qu'il porte en lui. Et c'est ainsi que beaucoup, qui s'imaginent faire la volonté de Dieu, se mettent en réalité au service d'entités ténébreuses.

Lorsque vous êtes inquiet, troublé, la seule méthode vraiment efficace pour retrouver l'équilibre et la paix est d'entrer en contact avec la lumière. Vous direz, bien sûr, que vous avez souvent essayé sans obtenir de résultat, tandis qu'en absorbant des pilules ou certaines potions vous ressentez tout de suite une amélioration, et que vous ne voulez pas perdre votre temps avec des méthodes qui ne sont pas tellement efficaces. Eh bien, même si vos constatations sont exactes, vos conclusions sont erronées. Si vous n'obtenez pas de résultat avec les méthodes de la lumière, ce n'est pas parce qu'elles sont inefficaces, mais parce que vous n'avez pas encore appris à travailler convenablement avec la lumière ; vous vous contentez de penser un peu à elle, comme ça, de temps à autre, alors bien sûr cela ne donne rien. Mais apprenez à vibrer à l'unisson avec elle, à l'attirer à vous, à la faire pénétrer dans la moindre de vos cellules, à la rendre toujours plus vivante en vous, et vous constaterez qu'aucune puissance n'égale celle de la lumière.

Toutes les créatures : plantes, animaux, humains ont besoin pour vivre de recevoir les énergies solaires. Mais ils ne reçoivent ces énergies qu'après qu'elles ont été absorbées, transformées et redistribuées par la terre. De ce point de vue, la terre est donc tout aussi importante que le soleil. Lorsque vous vous exposez au soleil, vous ne recevez pas directement ses rayons ; avant de vous toucher, ils ont dû d'abord traverser l'atmosphère de la terre, et c'est parce que l'atmosphère de la terre les a transformés que vous avez pu les capter et les absorber. C'est pourquoi il est important pour vous d'être toujours en harmonie avec la terre, de la respecter, de l'aimer. Sinon, même en vous exposant au soleil, vous ne retirerez pas tellement de bienfaits de sa chaleur et de sa lumière, la terre ne vous les communiquera pas.

Vous faites confiance à quelqu'un, vous le considérez comme un ami, un bon collaborateur, mais voilà qu'un jour, par hasard, vous découvrez qu'en réalité il vous joue la comédie et travaille contre vous… Eh bien, si vous êtes suffisamment sage et fort pour cela, et surtout si vous avez compris ce qu'est l'amour véritable, ne lui faites pas de reproche, ne lui montrez même pas que vous avez découvert son infidélité. Soyez vigilant afin de ne pas vous laisser abuser, mais continuez à vous conduire amicalement. On ne gagne rien à couper brutalement les ponts, tandis qu'au contraire on peut gagner beaucoup en ayant une attitude qui permet aux êtres de reconnaître et même de réparer leurs erreurs. La question est toujours de savoir si on veut réellement régler une affaire délicate, ou bien seulement régler des comptes personnels.

Dans cette entreprise de longue haleine qu'est le travail spirituel, le travail sur soi-même, le doute peut venir se glisser et introduire la division. Devant l'immensité de la tâche, la longueur du chemin à parcourir et les obstacles à franchir, on se demande parfois dans quelle aventure on s'est lancé, et si on possède vraiment les qualités nécessaires pour arriver à un quelconque résultat.

À un moment ou à un autre de sa vie, chacun de vous est exposé à ce doute terrible sur soi-même, qui, peu à peu, risque de vous anéantir. Mais quelles que soient les raisons que vous ayez de douter de vous, une seule chose vous permettra de ne pas laisser ce poison vous détruire : c'est la conscience qu'habite en vous un être tout-puissant, omniscient et tout amour, et qu'en vous liant à lui, en vous appuyant sur lui, vous pouvez continuer à construire votre être intérieur.

Que sait-on de l'être humain ? Il a fallu des millénaires pour arriver à connaître son corps physique, et il n'est même pas sûr qu'on ait réellement tout découvert. Quant à son être psychique, spirituel, à l'exception des Initiés ou des mystiques, on n'en connaît presque rien. Vous direz : « Mais les psychologues, les psychanalystes, les psychiatres ont, eux, une grande connaissance du psychisme humain ! » Sans vouloir mettre en doute leur savoir, on peut constater que leur métier consiste à s'occuper de malades. C'est très bien, mais il faut maintenant poser la question autrement.

Il n'y aura de vraie science de l'être humain que le jour où la science et la religion se décideront à travailler ensemble pour étudier ces centres, ces organes ou ces appareils – appelez-les comme vous voulez – grâce auxquels l'homme peut entrer en relation avec le monde spirituel, le monde divin. Comment peut-on imaginer que le Créateur, qui nous a dotés de tous les outils nécessaires pour vivre et agir dans le plan physique, nous ait laissés démunis pour vivre et agir dans les plans psychique et spirituel ?

Comme si vous aviez soudain reçu un don du Ciel, il y a des jours où vous vous sentez inexplicablement riche, heureux, dans la paix… Mais est-ce qu'à ce moment-là vous pensez à partager un peu cette abondance intérieure avec ceux qui sont malheureux et seuls ? Non ? Eh bien, vous devez apprendre à donner un peu de cette richesse, de cette plénitude que vous ne pouvez même pas contenir, et dire : « Chers frères et sœurs du monde entier, ce que je possède est tellement magnifique que je veux le partager avec vous. Prenez de cette joie, prenez de cette lumière. » Lorsque vous aurez la conscience suffisamment développée pour faire cela, non seulement vous serez inscrit dans les registres d'en haut comme un être intelligent et bon, mais ce que vous aurez ainsi distribué ira se placer sur votre compte dans les « banques » célestes, où vous pourrez puiser un jour si vous en avez besoin. Oui, tout ce que vous donnez ainsi reste en votre possession, personne ne peut vous le prendre, parce que vous l'avez placé dans les réservoirs d'en haut.

Vous n'avez peut-être jamais fait de voyage en ballon, mais vous savez que ce qui permet au ballon de s'élever dans le ciel, c'est la chaleur produite par la combustion d'un gaz qui gonfle la toile et le rend plus léger que l'air. Dans le plan spirituel aussi, pour s'élever il faut devenir léger, se dilater; et pour se dilater il faut chauffer quelque chose en soi. C'est la chaleur de l'amour qui gonfle le cœur et le rend si léger qu'il se met à monter comme un ballon. Vous voyez, pour se rapprocher du Ciel il est plus utile de savoir lire le livre de la nature que les ouvrages des théologiens. Le livre de la nature vous apprend que si vous vous refroidissez, vous vous contractez, vous devenez lourd, plus lourd que l'air, et vous tombez... Et quand vous êtes par terre, bien sûr vous vous plaignez d'être abandonné par le Ciel. Mais réchauffez votre cœur, remplissez-le d'amour, et de nouveau vous allez vous élever au-dessus des nuages pour retrouver le soleil, le Seigneur.

Chaque jour on voit les humains courir à droite et à gauche, ils sont actifs, entreprenants. Mais en réalité beaucoup sont en train de dormir. Oui, psychiquement, spirituellement, ils sont plongés dans le sommeil. Le sommeil psychique peut être comparé au sommeil physique. Dans le plan physique, il y a des sommeils pesants, parce que l'homme a accumulé une trop grande quantité de toxines, ou bien qu'il a énormément affaibli son organisme par des activités désordonnées. C'est pourquoi non seulement il lui faut beaucoup plus de temps pour récupérer, mais quand il se réveille, il reste encore ensommeillé et il se traîne… De même, si l'homme accumule des impuretés dans son cœur et son intellect, s'il épuise ses énergies dans des états passionnels, évidemment il restera longtemps dans une sorte de torpeur psychique. Et c'est cette torpeur de la conscience qui l'empêche de sentir le sens et la beauté de la vie.

Rencontrer Dieu… Seuls quelques mystiques ont su parler de ces rencontres, ils ont rapporté des expériences qui étaient réellement des rencontres, mais des rencontres intérieures. Physiquement, personne n'a jamais rencontré Dieu ; et même si c'était possible, il n'est pas sûr que cela apporterait grand-chose.

Prenons une analogie : vous sortez dans la rue où vous croisez un certain nombre de personnes. On peut dire que vous vous rencontrez. Mais ce n'est pas parce qu'elles vous ont vu qu'elles savent réellement qui vous êtes, car vous ne pouvez pas vous résumer à une forme physique. Cet être qui est véritablement vous, cet être qui pense, qui aime, qui souhaite… est invisible pour les autres, et pour vous aussi. Mais est-ce que pour autant vous doutez de son existence ? Non. Eh bien, vous reconnaissez que vous ne vous voyez pas vous-même et vous voudriez voir Dieu !… Vous direz : « Mais, même s'il n'est pas exactement moi, mon corps est une preuve visible que j'existe. » Mais le corps de Dieu aussi est visible ! C'est l'univers tout entier avec les êtres innombrables qui le peuplent.

La vérité ne viendra jamais se présenter comme une évidence qui s'imposera à nous, et encore moins avons-nous la possibilité de l'imposer aux autres. C'est nous qui, par une vie psychique ordonnée, raisonnable, devenons capables d'atteindre la vérité… ou peut-être même ne l'atteindrons-nous jamais. Car la vérité est uniquement le résultat de notre capacité à nous perfectionner. Donc, quand certains se glorifient d'appartenir à la seule vraie religion, cela ne signifie pas pour autant qu'ils sont eux-mêmes dans le vrai – un certificat de baptême n'est pas la garantie qu'on est dans le vrai. Ce qui est important, ce sont les efforts que nous faisons chaque jour pour nous arracher à nos faiblesses : c'est là le seul signe que nous appartenons à la vraie religion.

On a souvent comparé la vie à l'eau qui coule. Mais quelle différence entre l'eau qui jaillit de la source, au sommet de la montagne, et celle qui arrive à l'embouchure du fleuve après avoir reçu toutes sortes de saletés et même de produits toxiques ! Pure ou polluée, l'eau est toujours de l'eau, comme la vie est toujours la vie ; mais rien n'est plus vivifiant que l'eau pure, alors que l'eau polluée apporte la mort.

La vie jaillit du sein de Dieu et descend pour abreuver toutes les créatures. Mais les humains ne sont pas conscients du caractère sacré de la vie, ils salissent la vie de Dieu, l'eau de Dieu. Vous êtes étonné et vous vous demandez : « Mais comment pouvons-nous salir la vie divine ? » Chaque fois que l'on manque de sagesse, d'amour, de désintéressement, c'est comme si on jetait des ordures dans la rivière du Seigneur. Et la rivière ne proteste pas, elle accepte tout pour aider les humains. Elle attend qu'ils prennent conscience de leurs responsabilités pour la préservation de la vie cosmique.

La foi peut aider à la guérison, mais elle ne fait pas de miracles ou, en tout cas, pas dans le sens où la plupart des croyants se l'imaginent. Si Jésus guérissait les malades, c'est qu'il possédait une élévation spirituelle qui lui permettait de se projeter jusqu'au plan causal – le plan mental supérieur* – pour y déclencher une force capable de s'opposer à la maladie. Alors, quand certaines personnes se mettent à soigner les malades par des formules magiques, des prières, des passes magnétiques ou l'imposition des mains, en prétendant que la foi guérit, elles peuvent en effet obtenir quelques résultats s'il ne s'agit pas de maladies graves, mais pas plus. Quelle que soit leur foi ou celle du malade, il est rare que la foi suffise. Pour pouvoir guérir comme Jésus, il faut non seulement posséder la force de l'esprit mais aussi s'être longtemps exercé à travailler sur cet instrument de l'esprit qu'est la pensée. Mais combien en sont capables ? Là encore il ne suffit pas de croire à la puissance de la pensée, il faut la posséder et s'en être rendu maître, ce qui est très difficile.

* Voir note et schéma, p. 376-377.

Quand vous cherchez l'amour, vous ne savez pas vraiment ce que vous cherchez. Vous croyez chercher l'amour d'un homme ou d'une femme, mais au fond c'est l'amour de Dieu que vous cherchez et dont vous avez besoin : l'immensité, l'infini, toute la beauté de la nature et des êtres… Mais avant d'arriver jusque-là, combien de « boutiques » vous essaierez de visiter en demandant : « Donnez-moi l'amour… Donnez-moi la plénitude… » Mais aucune boutique ne possède la plénitude. Seul le Seigneur Lui-même peut vous la donner, et c'est là qu'il faut aller la chercher.

Regardez ce qui se passe avec tous ces êtres qui se sont arrêtés auprès d'une « boutique ». Boutique, évidemment, vous avez compris, cela veut dire une jolie femme… ou un joli monsieur ! Au bout de quelque temps tout est épuisé, et ils vont vers une autre boutique, beaucoup plus récemment ouverte : la marchandise est plus fraîche, la publicité est mieux faite, la vitrine est mieux achalandée, il y a plus d'éclat, plus de couleurs… Mais là encore, au bout de quelque temps, tout se ternit, tout s'effrite, parce que ce n'était pas divin. N'est divin que ce qui est inépuisable et éternel. C'est donc vers l'amour divin que vous devez vous diriger.

Dans la vie spirituelle, il ne faut jamais s'inquiéter du temps qu'il faudra pour obtenir des résultats, mais seulement se demander si on est bien toujours en train d'avancer sur le chemin de la lumière. Du moment qu'on a acquis la certitude de marcher sur le chemin de la lumière, il ne faut plus poser de conditions, mais seulement continuer à marcher. Quelqu'un dira : « Mais avant d'arriver au but, je serai déjà vieux ! » Et alors ? Cela non plus vous ne devez pas le prendre en considération, sinon vous ne ferez rien, et vous serez quand même vieux : oui, quoi que vous fassiez, vous deviendrez vieux, mais vieux sans la lumière, sans la beauté. Eh bien, croyez-moi, il vaut mieux être vieux avec la lumière, avec la beauté, avec la force, avec l'intelligence, avec l'amour. Là oui, la vie en vaut la peine !

Depuis le passé le plus lointain, les humains ont été poussés naturellement à accorder un pouvoir particulier à certaines pierres, certains objets de bois ou de métal qui n'avaient même pas toujours une forme déterminée ; en se concentrant sur eux, ils arrivaient à faire de ces objets les réceptacles de forces cosmiques. Dans toutes les religions, les pierres dressées ou les statues ont joué et continuent à jouer ce rôle. Par leur façon de les considérer, les croyants projettent sur les statues des dieux ou des saints ce qu'ils ont de meilleur dans leur cœur et dans leur âme. Grâce à leur foi, à leur amour, ces statues deviennent ainsi des conductrices de leurs prières et, par la même voie, ils reçoivent du monde invisible des réponses : une lumière, un apaisement, une aide.

Pour décider du sens qu'on donnera à sa vie, il ne faut pas commencer par se poser la question de l'existence de Dieu. C'est même exactement le contraire qu'il faut faire. Il faut donner un sens de plus en plus riche à tous les moments de sa vie, et on n'aura pas ensuite à se poser de questions sur l'existence de Dieu : ce sera une évidence. Dieu est la vie, la plénitude de la vie, et pour sentir sa présence, il faut devenir vivant et découvrir qu'autour de soi tout est vivant aussi : la terre est vivante, l'eau est vivante, l'air est vivant, le feu et la lumière sont vivants ! Que peut ressentir un mort ? Quoi que vous lui donniez, il ne réagira pas, car sa vie est partie et il ne peut éprouver aucune sensation. Pour avoir des sensations, il faut être vivant. Vous direz que vous le savez… Oui, comme ça, théoriquement, tout le monde le sait. Mais cela ne suffit pas, c'est pourquoi un peu partout on rencontre tellement de cadavres ambulants qui se demandent ce qu'ils font sur cette terre.

Une personne très modeste, très simple, pas tellement instruite, peut, grâce à sa recherche intérieure, en savoir davantage sur la vie que les plus grands savants. C'est pourquoi les scientifiques devraient faire preuve d'un peu plus de retenue et de modestie. Le Créateur ne leur a pas donné le privilège du savoir. Ils peuvent maîtriser la matière, mais ils ne maîtrisent pas la vie, car la vie ne se découvre pas au bout de quelques appareils, lunettes, scalpels… mais à l'intérieur de soi. Même celui qui mène des investigations sur les autres planètes peut être intérieurement aussi ignorant que s'il n'était jamais sorti de son trou. C'est une question d'état de conscience. Alors, à quoi sert-il d'aller découvrir l'univers si on reste intérieurement aussi limité que celui qui n'a jamais mis le nez hors de son petit patelin ? L'astronaute dans sa navette parcourt l'espace, mais le berger qui garde son troupeau dans la montagne et qui contemple le ciel étoilé dans le silence de la nuit en sait peut-être plus que lui sur l'immensité.

Quelles que soient les qualités, les facultés que possède un homme, s'il n'a pas foi dans le bien, il risque de les perdre. Pourquoi ? Parce que les fondements qui assurent leur stabilité manquent, et il s'ensuit automatiquement toutes sortes de conséquences dans son raisonnement et sa façon de voir les choses : les êtres, les situations ne cessent de lui apparaître sous un jour suspect, et il a peur. Or, la peur est une très mauvaise conseillère. Combien de gens, sous l'emprise de la peur, se rendent coupables de lâchetés, d'injustices, de méchancetés ! Malgré toutes leurs qualités, ils se laissent envahir par cet instinct irrationnel et incontrôlable. Quand la peur est passée, ils ont souvent honte de ce qu'ils ont fait, mais maintenant que c'est fait… Pour vaincre la peur, il faut croire fermement à la puissance du bien, c'est-à-dire à la prééminence de l'esprit en l'homme.

Beaucoup s'imaginent qu'un Maître a le pouvoir de s'imposer aux humains pour les obliger à se transformer. Mais pas du tout ! S'ils sont obtus, fermés, aussi grands que soient l'amour, la sagesse et les pouvoirs d'un Maître, cela ne les touchera pas. Un véritable Maître spirituel, qui connaît les lois, sait qu'il n'a aucun pouvoir de contraindre ceux qui refusent de s'ouvrir à la lumière. Bien sûr, il parle, il essaie de convaincre, il donne des arguments parce que son plus grand désir est d'aider les humains, mais il sait très bien que seuls ceux qui sont préparés, recevront sa parole. Les autres, il les laisse libres. Mais c'est la vie qui ne laisse pas tellement de liberté aux humains. La vie, elle, est implacable, et de temps à autre elle donne quelques secousses à tous ceux qui ne veulent pas connaître et respecter les lois divines.

De nos jours, les religions judéo-chrétiennes ont banni les sacrifices d'animaux, on ne brûle plus de bœufs ni de brebis sur les autels. Pourtant, dans les églises et les temples, le feu est toujours présent, puisqu'on continue à brûler de l'encens, et à allumer des bougies, des cierges, des veilleuses. L'encens est une matière qu'on livre au feu pour être transformée et qui, en brûlant, dégage un parfum. Seulement, faire brûler de l'encens n'a de signification que si le croyant a compris que cet acte est le reflet d'autres processus qu'il doit déclencher en lui-même : vaincre ses faiblesses, ses lourdeurs, purifier sa propre matière, la transformer par le feu divin afin que, de son âme, émanent les parfums les plus délicieux. Sinon, à quoi bon ? Répandre des parfums agréables pour les narines des assistants, c'est très bien, mais c'est insuffisant.

En quittant cette terre, l'homme ne doit pas seulement abandonner ses possessions matérielles ; tout ce qui, dans les domaines de l'intelligence et de la sensibilité, lui vient d'autres personnes, de livres, d'œuvres d'art, s'efface aussi, sauf s'il l'a profondément vérifié, expérimenté, vécu. Et si ce n'est pas le cas, quand il revient dans l'incarnation suivante, il doit tout réapprendre avec beaucoup de difficultés. Même le fait que quelqu'un puisse parler ou écrire sur toutes sortes de sujets ne prouve pas qu'il les connaisse vraiment, et il devra tout reprendre depuis le commencement.

Et regardez encore : les gens se marient, ils ont des enfants, et dans cette situation beaucoup sont aussi démunis et perdus que s'ils la vivaient pour la première fois. Pourtant, combien de fois l'ont-ils connue au cours de leurs précédentes incarnations ! Mais comme ils n'ont jamais cherché à approfondir réellement leur rôle et leurs responsabilités de mari, de femme, de parents, c'est toujours comme s'ils les découvraient pour la première fois ; et ils font des bêtises, ils souffrent… Alors, il faut s'exercer pour ne pas se trouver à ce point démuni dans une prochaine incarnation.

Il y a des êtres qui n'ont aucune croyance religieuse et qui agissent bien, et d'autres qui ont la foi et qui agissent mal ; et c'est dommage pour les uns comme pour les autres. Pourquoi ? Ceux qui agissent naturellement d'après les règles de la justice, de l'honnêteté et de la bonté, sans fonder consciemment leurs actes sur un principe spirituel, sont privés de quelque chose d'essentiel qui les renforcerait dans leurs convictions et les soutiendrait dans les difficultés et les épreuves. Comment les humains peuvent-ils s'imaginer que la source de leurs qualités les plus précieuses est en eux ? Comment ne sentent-ils pas qu'au-dessus d'eux existe une Entité qui non seulement possède ces qualités en plénitude, mais qui en est la source et qui les alimente ? Quant à ceux qui prétendent croire en Dieu et qui ne font rien – ou si peu ! – pour manifester les vertus divines, c'est encore pire.

Seul peut obtenir des résultats dans le plan spirituel celui qui possède les qualités et les vertus nécessaires pour soutenir son action. Vous voulez par exemple porter un talisman parce que vous pensez qu'il vous protégera, qu'il vous gardera dans la voie de la lumière… Vous allez donc dans une boutique acheter un pentagramme parce que vous avez lu que ce symbole possède des vertus protectrices. Eh bien, détrompez-vous : un talisman ne vous sert à rien si ce n'est pas vous qui, par votre travail intérieur, l'imprégnez de vibrations pures et harmonieuses. Et en admettant même qu'un grand mage l'ait préparé pour vous, ce talisman ne peut continuer à être efficace et puissant que si vous continuez à l'animer, à le nourrir par vos pensées, vos sentiments, les émanations de votre vie pure ; sinon, au bout de quelque temps il perd ses forces et il meurt. Le pouvoir d'un talisman dépend des qualités de la personne qui le porte.

Combien de gens sont convaincus qu'ils ne pourront s'épanouir que s'ils parviennent à faire ce qui leur plaît ! Et ils sont prêts pour cela à faire sauter toutes les règles, tous les « tabous », comme ils disent. Ils veulent être libres. Et quelle est cette liberté ? Celle de faire des folies, de se ligoter, de se rendre malades, et même de se détruire. Car lorsqu'on se libère de la lumière, de la sagesse, de la raison, on souffre, c'est inévitable, et même physiquement on finit par tomber malade. Oui, car la maladie n'est rien d'autre que la manifestation dans le plan physique des désordres qu'on a laissés s'installer dans le plan psychique.

Vouloir renverser les préjugés et les règles d'une morale étriquée pour être enfin soi-même, ce n'est pas mauvais, au contraire. Mais il faut savoir qu'au-dessus des lois de toutes les morales humaines, il existe des lois éternelles établies par l'Intelligence cosmique et, qu'on le veuille ou non, si on transgresse ces lois, on le paie par la souffrance physique ou psychique, ou même les deux.

Évidemment, chaque jour nous apporte des sujets d'inquiétude. Mais même lorsque vous vous trouvez dans de grandes difficultés, dans une situation dangereuse, efforcez-vous de ne pas vous laisser troubler. Réagissez, liez-vous à la Providence divine en lui demandant de vous envoyer la lumière. Grâce à cette lumière, vous pourrez y voir plus clair et imposer le calme à votre cœur et à votre tête. C'est à cette seule condition que vous trouverez de bonnes solutions. Tous les dangers et les obstacles devant lesquels l'âme humaine peut être placée se résument en deux mots : peur et obscurité, et il faut tout faire pour les vaincre. Il n'y a qu'une peur légitime et bienvenue qu'on puisse tolérer en soi : c'est la crainte de troubler l'ordre divin. Celui qui a peur de la pauvreté, des échecs, de l'opinion publique, peur de mourir de maladie ou d'accident… n'est pas encore un disciple. Le disciple n'a qu'une peur, celle de transgresser les lois divines.

Sur la terre on ne peut pas échapper aux épreuves, alors une fois pour toutes décidez-vous à employer des méthodes qui vous permettront de mieux les affronter.

D'abord, devant chaque difficulté, au lieu de vous plaindre et de pousser des cris, commencez par vous calmer. Puis réfléchissez et demandez-vous : « Quel est le plan du Seigneur et de tous mes amis célestes ? Que veulent-ils que j'obtienne ? »… Peu à peu une lumière se fera et vous comprendrez qu'ils veulent que vous deveniez plus patient, plus résistant, plus intelligent. Ainsi, non seulement vous ne vous inquiétez pas, vous ne vous révoltez pas, mais vous devenez même reconnaissant, vous remerciez, parce que vous sentez que, dans ces épreuves, vous trouvez des matériaux pour vous enrichir. Et les vertus que le Ciel veut vous pousser à acquérir, grâce à cette attitude vous les obtenez beaucoup plus rapidement.

Il est dit dans le *Zohar* que le visage du premier homme était identique à celui du Créateur. Plus tard, quand l'esprit de rébellion s'est éveillé en lui (et ce processus est symbolisé par le serpent enroulé autour de l'Arbre de la Connaissance du Bien et du Mal), il a quitté le Paradis, il est descendu dans les régions plus denses de la matière où il a connu le froid, l'obscurité, la maladie, la mort, et son visage s'est altéré. Maintenant qu'il n'est plus l'image fidèle de Dieu, il a perdu sa puissance : les esprits de la nature ne lui obéissent plus et se plaisent à le tourmenter. Mais qu'il s'efforce de retrouver ce premier visage, et tous les esprits de l'univers se soumettront de nouveau à lui. Jusque-là, il continuera à ressembler à ce fils prodigue de la parabole évangélique qui, ayant quitté la maison paternelle pour courir le monde, finit misérablement comme gardien de pourceaux. Mais au moins ce fils prodigue-là a fini par comprendre qu'il devait retourner dans la maison paternelle. Et vous aussi, finirez-vous un jour par comprendre que vous devez retourner vers la Source, dans la lumière, l'amour et la vie du Père céleste, afin de retrouver votre vrai visage ?

Pour être en bonne santé, notre corps physique obéit à une loi : tous les organes, l'estomac, le cœur, les poumons… doivent travailler ensemble et avec désintéressement pour le bien de l'être entier. Comment ne pas voir que c'est grâce à ce désintéressement que l'être humain est vivant et bien portant ? La conclusion à tirer est donc qu'on reçoit des milliers de fois plus par le désintéressement que par l'égoïsme. L'égoïste s'imagine qu'en pensant à son seul intérêt, il va nécessairement y gagner ; non, il ne fait qu'introduire la maladie en lui-même. Les humains sont toujours là à essayer d'avoir l'avantage sur leur voisin, de le dominer, de l'évincer, et ils sont même fiers de cette attitude. Cela prouve qu'ils n'ont pas compris la leçon de l'organisme : leur propre corps leur montre tous les jours qu'avec cette attitude, au contraire ils vont tous péricliter, parce qu'ils introduisent en eux les germes de la dislocation. Vous direz : « Oui, mais avec l'abnégation, le sacrifice, on va dépérir. » Non, c'est à ce moment-là, au contraire, que vous introduirez en vous la santé, l'harmonie, la résurrection, la vie éternelle.

Il ne suffit pas d'aimer les êtres, vous devez vous demander comment vous les aimez. Efforcez-vous de mettre dans votre amour la pureté et la lumière, car c'est à cette seule condition que ceux que vous aimez pourront grandir et s'épanouir. L'amour véritable doit apporter aux êtres toutes les bénédictions : la joie, la paix, la beauté, la santé, et surtout le sens de la vie. Si vous sentez que la personne que vous aimez s'étiole, s'affaiblit, qu'elle perd sa joie de vivre, vous devez vous poser des questions sur votre sentiment et vous dire : « Mais qu'ai-je fait avec cette créature ? Je devais la cultiver comme une fleur dans un jardin, et je l'ai laissée dépérir, je l'ai abîmée ! » Vous n'avez pas alors de quoi être tellement satisfait de vous et il ne vous reste plus qu'à chercher comment réparer vos erreurs. Votre amour doit faire grandir un être, et c'est seulement quand vous voyez qu'il s'épanouit à cause de votre amour, que vous pouvez être heureux et fier, et remercier le Ciel.

Parce que les conséquences de leurs façons de penser et d'agir ne sont pas immédiates, les humains discernent rarement ce qui a causé leurs malheurs. Quand ils s'abandonnent aux désordres intérieurs ou commettent des actes répréhensibles, il est rare que des catastrophes leur tombent aussitôt sur la tête ; ils se sentent comme avant, et parfois même mieux qu'avant.

Pourquoi l'Intelligence a-t-elle ainsi arrangé les choses ? Pour donner à l'être humain le temps et des possibilités de réparer, de s'assagir. Au lieu de laisser jouer immédiatement la loi des causes et des conséquences, dans sa sagesse, dans son amour elle lui fait crédit, elle lui laisse du temps pour réfléchir et tout rectifier. Si vous transgressez certaines règles de la vie sociale, par exemple si vous ne déclarez pas exactement vos revenus aux impôts, c'est quelques mois ou quelques années après que le fisc vous demande des comptes. Et en attendant la venue du jugement, il est encore temps de réparer les erreurs commises. Il en est de même dans la vie intérieure, et cette possibilité de réviser, de corriger, qui a été laissée à l'homme, est un aspect de la sagesse et de l'amour divins.

En observant les insectes, on peut faire des découvertes très intéressantes concernant notre vie psychique. Un exemple : si on laisse traîner un peu de nourriture sur une table, très peu de temps après, les insectes (mouches, fourmis, guêpes, etc.) sont là. Grâce à quel flair, à quel don de radiesthésiste peuvent-ils découvrir, à distance, la présence de ces miettes de nourriture ? Et si on enlève ces miettes, ils s'en vont. Eh bien, la même loi agit dans le plan psychique. Car dans le plan psychique aussi, il existe toutes sortes de « bestioles » qui sentent de loin les impuretés que les humains laissent traîner en eux, et elles arrivent pour s'en nourrir. Partout, dans tous les domaines, tout est nourriture pour les uns ou pour les autres. Les créatures malfaisantes, ténébreuses, ont besoin de manger, et les créatures lumineuses, les créatures célestes, aussi. Alors, attention aux entités que vos pensées et vos sentiments vont attirer en vous !

Les humains ne semblent pas avoir conscience que leur destin se détermine d'après leur attitude envers le monde divin. De plus en plus, au lieu de s'incliner devant la grandeur de Dieu et de Le glorifier, ils adoptent une attitude négligente, irrespectueuse, qui leur fait contrecarrer ses desseins et introduire le désordre dans la création. Le pire ennemi de l'homme est l'orgueil ; c'est cette attitude tellement suffisante et présomptueuse qui l'entraîne à sa perte. S'il veut se sauver, il doit apprendre à avoir une attitude sacrée devant la création, à vibrer comme la harpe d'Éole à chaque souffle, à chaque courant du Ciel, à communier avec l'univers, avec l'Âme du monde, avec l'Esprit cosmique. Dans cet échange, les énergies du monde supérieur travaillent sur lui : les éléments les plus purs se déversent dans son âme, tandis que les éléments obscurs s'en vont, absorbés par l'immensité.

De plus en plus, nos contemporains sont persuadés de l'utilité pour leur santé de s'exposer à l'air, aux rayons du soleil. Et ils le font plus ou moins dénudés, mais la question n'est pas tellement là. « Et où est-elle ? » demanderez-vous. Dans le fait que ce qu'ils recevront dépendra de leurs pensées et de leurs sentiments. La peau elle-même est neutre, elle peut tout laisser passer, le bon comme le mauvais. Ce qui oriente et détermine le travail de la peau, c'est la conscience, la pensée. D'après ce que vous avez dans la tête, la peau peut favoriser ou empêcher l'entrée de certains éléments. Si vos pensées et vos sentiments sont purs, lumineux et liés à Dieu, c'est comme si votre peau recevait un ordre supérieur de se mettre à travailler pour chasser les poisons et n'attirer que les particules et les énergies vivifiantes. Réalisée dans de bonnes conditions, cette communion avec les forces de la nature peut vous purifier physiquement et psychiquement…

Il y a des gens qui prétendent ne pas pouvoir écouter une musique « qu'ils ne comprennent pas ». Mais qu'est-ce que cela signifie ? Dans la musique, ce n'est pas la compréhension qui compte, mais les sensations que l'on éprouve sous l'effet des vibrations, de l'harmonie des sons. Est-ce que l'on comprend le chant des oiseaux, le murmure des sources et des ruisseaux, ou le bruissement du vent dans les branches ? Non, mais on est captivé, émerveillé, et c'est cela l'essentiel. Pour les mêmes raisons il vaut toujours mieux chanter les chants dans la langue où ils ont été écrits : même si on n'en comprend pas le sens, il existe un rapport entre les mots et la musique, et une traduction détruit ce rapport. La musique n'est pas faite pour être comprise, mais pour être sentie. Même lorsqu'elle s'accompagne de paroles, le sens des mots est secondaire. Étudiez donc bien la nature des états dans lesquels vous plonge la musique que vous écoutez, afin de pouvoir vous servir de ces états pour votre travail spirituel.

Celui qui, parce qu'il sent que c'est sa voie, décide de suivre un enseignement spirituel, est amené à changer beaucoup de choses dans sa façon de penser et ses habitudes de vie. Ce n'est déjà pas toujours facile pour lui-même, mais de plus il n'est pas seul : il y a la famille, les amis, les voisins, les collègues de travail qui risquent de mal accepter ce changement, car il les dérange aussi dans leurs habitudes. Alors, que faire ? Lorsque vous vous trouverez dans cette situation, car d'une façon ou d'une autre vous n'arriverez pas à l'éviter, autant que vous le pouvez, ne faites pas souffrir les autres, et bien sûr ne les abandonnez pas non plus. Faites en sorte que cette nouvelle vie que vous trouvez bonne pour vous soit aussi bonne pour eux.

Dès que vous sortez d'une ville, la nature est là qui vous environne. Alors, où que vous alliez, dans les forêts, sur les montagnes, au bord des lacs ou des océans, si vous voulez vous manifester comme des enfants de Dieu qui aspirent à une vie plus subtile, plus lumineuse, vous devez vous montrer conscients de la présence des créatures éthériques qui les habitent. Approchez-vous d'elles avec respect et recueillement, commencez par les saluer, témoignez-leur votre amitié, votre amour. Ces créatures qui vous aperçoivent de loin sont tellement émerveillées de votre attitude qu'elles se préparent à déverser sur vous leurs bénédictions : la paix, la lumière, l'énergie pure. Vous vous sentez alors baignés, enveloppés par l'amour et l'émerveillement de ces êtres spirituels, et quand vous retournez vers les vallées, vers les villes, vous remportez avec vous toute cette richesse, mais aussi des révélations, des idées plus larges, plus vastes.

Même le plus ignorant des hommes sait que le sang est un liquide infiniment précieux et que celui qui perd son sang perd aussi la vie. Tant qu'il circule à l'intérieur du corps, le sang est protégé comme dans un récipient fermé. Mais dès qu'il s'échappe du corps pour quelque raison que ce soit, comme tout liquide, il s'évapore ; c'est-à-dire que les particules éthériques s'en vont dans l'espace. Et ces particules sont vivantes, elles ont conservé quelque chose de ces éléments qui font que le sang est porteur de la vie. C'est pourquoi elles servent de nourriture aux entités invisibles. Oui, et cette propriété qu'a le sang de dégager des effluves dont se nourrissent des entités invisibles est connue depuis la plus haute antiquité. Rien ne se perd dans l'univers, et il y a toujours des créatures pour venir se nourrir de la vie qui s'exhale de quelques gouttes de sang.

Même si quelqu'un vous a fait réellement du mal, surtout ne dites pas : « Je me suis trompé sur cette personne, je lui avais fait confiance, et elle s'est montrée à mon égard infidèle, malhonnête, perfide : désormais elle est mon ennemie et je la combattrai, je me vengerai. » Vous vous êtes trompé sur le caractère de cette personne et vous en avez subi certains dommages, c'est vrai. Mais en fait, la plus grosse erreur est celle que vous faites maintenant en adoptant une attitude hostile, et les préjudices que vous aurez à subir seront encore plus graves. Car non seulement les mauvais sentiments, les désirs de vengeance que vous entretenez vont troubler votre harmonie intérieure, mais vous allez aussi perdre définitivement cette personne. Elle s'est mal conduite, d'accord, mais si vous savez, vous, comment agir, si vous lui laissez la possibilité de prendre conscience de sa faute et de la réparer, avec le temps elle pourra peut-être devenir une amie véritable.

Puisque Dieu ne vous a pas protégé, pensez-vous, puisqu'Il laisse triompher le mal et les méchants, vous vous mettez à régler vos comptes avec Lui, et dans votre conscience vous vous séparez de Lui. Mais comprenez que régler vos comptes avec le Seigneur ne mène à rien, car c'est vous qui êtes encore en train de perdre quelque chose de très précieux ; vous ne le sentez pas ?… Alors, il ne vous reste plus maintenant qu'à revenir en arrière en disant : « Seigneur, j'ai cru que je pouvais me séparer de Toi, me passer de Toi, et voilà que je suis doublement malheureux. » Tant que vous n'aurez pas compris cela, vous ne ferez rien d'autre qu'ajouter la misère spirituelle à votre souffrance morale ou physique. Oui, car en vous coupant de la Source de la vie, de la lumière et de l'amour, vous vous privez de ce qui vous soutient, vous nourrit, vous inspire. Pensez que cette Source coule aussi en vous-même et que c'est elle qui alimente votre propre existence.

Ce n'est pas parce que je vous présente l'utilité des épreuves que vous devez les rechercher. De toute façon, elles se chargeront de vous trouver, soyez-en sûr, car on n'a jamais vu sur la terre quelqu'un qui soit à l'abri des épreuves. N'essayez surtout pas d'imiter ces gens qui se préparent à accomplir des actes héroïques, mais qui ne supportent pas les moindres inconvénients de la vie quotidienne et rendent ainsi l'existence insupportable à leur entourage.

Tout le monde n'est pas fait pour une destinée héroïque. En revanche, chacun doit, modestement, s'efforcer d'accepter et de surmonter les difficultés qui se présentent à lui chaque jour. C'est la seule manière d'éviter des souffrances plus grandes encore. Lorsqu'on ne s'est pas exercé, on reste désorienté, sans force, et c'est à ce moment-là que les épreuves deviennent véritablement insurmontables.

Quelqu'un dira : « Je veux faire le bien, je demande à Dieu de m'orienter dans la voie du bien, mais je tombe toujours là où il ne faut pas, pourquoi me laisse-t-Il m'égarer ? » Évidemment, c'est Dieu qui est fautif, pas lui ! Mais cet être magnifique qui veut le bien, s'est-il interrogé sur ce qu'il veut réellement ? Il veut un bien qui soit facile à réaliser, un bien qui ne dérange pas ses projets personnels, qui ne s'oppose pas à son besoin de confort, de plaisir, de richesse, de pouvoir, de gloire. Alors, que peut faire le Seigneur ? Il le laisse agir et aller où il désire. Celui qui a véritablement un haut idéal de justice, de bonté, de générosité, reçoit intérieurement quelques avertissements sur la voie à suivre, et même s'il n'a pas pris dès le début la bonne direction, il sera poussé à s'arrêter à temps pour rebrousser chemin.

Pourquoi croire en Dieu est-il pour certains une évidence, et pour d'autres pas du tout ? L'explication est simple : à sa naissance, chaque être humain vient sur la terre avec la somme des expériences qu'il a faites dans ses précédentes incarnations. Ce qu'il a étudié, vérifié dans ses existences antérieures s'est enregistré dans son âme et apparaît dans celle-ci comme intuition du monde divin. S'il reconnaît maintenant l'existence de son Père céleste, c'est qu'il a depuis longtemps déjà été avec Lui, il a communié avec Lui, et il en a été marqué par des empreintes si puissantes qu'il ne peut pas douter : il sait. La foi est donc un savoir fondé sur une expérience. Celui qui, au cours de ses incarnations antérieures, a fait des expériences dans les régions inférieures de son être tire de ces expériences des conclusions qu'il prend évidemment pour la vérité. Et celui qui a fait des expériences dans les régions supérieures de l'âme et de l'esprit, tire lui aussi des conclusions, mais ces conclusions sont évidemment différentes.

Les rayons du soleil sont des puissances qui agissent partout où elles pénètrent, car des entités habitent ces rayons. Leurs différentes manifestations correspondent aux différentes couleurs : rouge, orange, jaune, vert, bleu, indigo, violet, dont la lumière blanche est la synthèse. Ces rayons, projetés sur les êtres vivants, font un travail sur eux. Les Initiés se servent de la lumière et des couleurs pour aider les humains et ils enseignent à leurs disciples à travailler avec la lumière. À chaque couleur correspond une vertu, et c'est pourquoi chaque faute que vous commettez atténue en vous la puissance qui correspond à une de ces couleurs. De tout temps, les Initiés ont travaillé avec la lumière, car seule la lumière donne la véritable puissance, le véritable savoir. Avec le laser, la science officielle découvre peu à peu la puissance inouïe de la lumière. Mais bien plus grands encore sont les pouvoirs de la lumière spirituelle.

Un garçon a mis entre les pages d'un livre la fleur que lui a donnée la jeune fille qu'il aime. Bien sûr, très peu de temps après, les pétales sont fanés, décolorés, mais qu'importe ? Chaque fois qu'il regarde cette fleur, il lui semble que sa bien-aimée lui sourit et lui dit mille choses à travers elle. Il la met contre son cœur, il y pose ses lèvres, elle est comme un talisman qui lui ouvre les portes du ciel. Il est rempli de joie, il se sent inspiré, il devient poète… Mais le temps passe et voilà que les relations avec cette jeune fille ne lui paraissent plus aussi idéales : c'est à peine maintenant s'il remarque la fleur entre les pages du livre ; elle ne lui dit plus rien, c'est comme si elle était devenue vide, muette. Et un jour, il finit par la jeter au panier. Que s'est-il passé ? La fleur est toujours là, elle n'a pas changé, mais lui a changé : c'est lui qui avait fait de cette fleur un talisman, et c'est lui qui lui a enlevé son pouvoir.

Combien de pensées, de désirs, d'activités, la nature inférieure inspire-t-elle aux humains ! Et ils marchent, ils courent, ils galopent. C'est extraordinaire de voir comment des hommes et des femmes défendent leurs intérêts les plus égoïstes, et quels sont les arguments qu'ils présentent pour justifier leurs mensonges, leurs malhonnêtetés, leurs intrigues. Jusqu'au jour où, bien sûr, ils se cassent la tête. Mais cela va-t-il les arrêter ? Vont-ils enfin tirer une leçon et comprendre enfin qu'ils ont fait fausse route ? Pour la plupart, non ; ils se contentent de penser que la prochaine fois ils sauront mieux s'y prendre, et ils continuent. Ce qu'ils pensent, ce qu'ils sentent, c'est définitif, c'est sans réplique. Et ils s'obstinent… Mais un jour tous sans exception seront obligés de reconnaître qu'il existe des lois au-dessus de ce que leur dictent leurs convictions et leurs désirs inférieurs.

Partout on voit des roses, on offre des roses, mais qu'est-ce que cela apporte tellement ? Une fois qu'on les a mises dans un vase, on n'y fait même plus attention. Pourtant, une rose devient plus vivante si vous la regardez avec une conscience éclairée, et il s'établit un contact entre elle et vous. Vous sentez qu'un être splendide habite cette fleur et qu'il s'adresse à vous. Certains diront : « Mais ce n'est pas possible, on lit ça dans les contes. Jamais nous ne pourrons entendre la voix des fleurs. » Il y a différentes manières d'entendre la voix des fleurs !... Et si ce que je vous dis vous paraît tiré d'un conte, sachez que les contes ne sont pas seulement de belles histoires inventées pour les enfants par des gens qui avaient beaucoup d'imagination ; ils correspondent à une réalité très profonde que vous pourrez enfin saisir le jour où vous arriverez à vous ouvrir pour faire des échanges avec toute la nature.

Le Ciel est là, grand ouvert, prêt à déverser toutes ses bénédictions ; mais pour les recevoir, nous devons avoir préparé quelque chose en nous-même, par notre amour, notre désintéressement, notre patience, notre fidélité… Toutes ces vertus, ce sont des fruits que nous produisons pour les donner au Seigneur. Alors, le jour où nous demandons une grâce, nous sommes écoutés : comme ceux qui ayant déjà accumulé un capital, ont placé de l'argent à la banque, nous pouvons au moins demander de disposer des intérêts. Vous me direz que c'est là une image qui n'est pas très poétique et, de plus, l'argent déposé dans les banques n'est pas toujours honnêtement acquis. Eh je le sais bien, mais au moins cette image est claire. Si les humains étaient plus ouverts aux vérités de la vie spirituelle, qui est la vraie poésie, il ne serait pas nécessaire, pour les leur faire comprendre, d'utiliser des exemples aussi prosaïques.

Qu'y a-t-il de plus visible, de plus éclatant que le soleil ? Oui, mais si vous restez barricadé derrière des volets fermés, vous ne saurez même pas qu'il existe. Si vous voulez le voir, vous devez ouvrir au moins une fenêtre. Ce n'est pas le soleil qui va chercher à s'imposer en traversant vos murs et vos volets. De la même façon, pour découvrir la présence de Dieu, vous devez ouvrir en vous au moins une petite lucarne. Oui, c'est vous qui avez quelque chose à faire, ce n'est pas Dieu. Dieu fait ce qu'Il doit faire : Il est là, Il rayonne, cela devrait vous suffire. C'est à vous de faire ce qu'il faut pour sentir sa présence. Celui qui est arrivé à un degré de conscience supérieur ne cesse d'avoir des révélations sur le sens et la beauté du monde, alors comment ne sentirait-il pas cette présence ? Car c'est cela, Dieu, et nous Le découvrons au fur et à mesure que nous ressentons combien la vie est riche et pleine de signification.

Celui qui a entrepris un véritable travail intérieur se sent de plus en plus soutenu par la conviction que personne ne peut le priver des découvertes qu'il est en train de faire ni des réalisations qu'il a obtenues. Tandis que sur tout ce qui lui vient de l'extérieur, il sait qu'il ne peut pas vraiment compter. L'électricité, le téléphone, la voiture et toutes ces inventions dont le XXe siècle est – à juste titre, je le reconnais – tellement fier et qui lui sont maintenant devenues indispensables pour vivre, il ne sait jamais si à un moment ou à un autre, il ne va pas en être privé. Alors, pourquoi s'exposer à se trouver un jour tellement démuni ?

Je ne veux pas que la science arrête ses recherches, au contraire, je souhaite qu'elle progresse, mais dans une autre direction. Puisque l'univers est une unité, puisque l'être humain est une unité, on peut dire que la science, par d'autres moyens, est à la recherche des mêmes certitudes que la religion. Si elle comprend dans quel sens elle doit désormais orienter cette recherche, elle se rapprochera des vérités découvertes par les grands Maîtres spirituels, et c'est ainsi qu'elle contribuera au véritable progrès de l'humanité.

Jésus disait : « *Je suis venu pour qu'ils aient la vie et qu'ils l'aient en abondance.* » Les humains cherchent les pouvoirs, la richesse, les connaissances, l'amour... Eh bien, en réalité c'est la vie qu'ils doivent chercher. « Mais pourquoi, demandez-vous, chercher la vie ? Nous l'avons, nous sommes vivants. C'est ce que nous n'avons pas que nous devons chercher. » Vous êtes vivants, c'est vrai, mais la vie n'est pas la même chez tous les êtres, la vie a des degrés. Il ne suffit pas de vivre, il faut se demander de quelle sorte de vie on vit. Par sa conformation physique, l'homme, bien sûr, mène la vie d'un homme, mais intérieurement, sa vie peut prendre des formes et des couleurs d'une diversité infinie : est-ce celle d'une pierre, d'une plante, d'un animal... ou encore celle d'un ange, d'un archange, d'une divinité ?... Et quand Jésus dit : « *Je suis venu pour qu'ils aient la vie...* », cette vie qu'il veut apporter à tous les humains, c'est la vie divine, ce courant qui jaillit pur et limpide de la Source originelle.

L'essentiel, c'est de trouver l'attitude correcte envers tout ce qui existe et principalement envers la Cause première, le Créateur. Quand vous aurez une bonne attitude envers le Créateur, partout où vous passerez, toutes les créatures, toute la création, oui, depuis les anges jusqu'aux oiseaux, aux arbres, aux montagnes, vous donneront un regard, un sourire. Des courants nouveaux vous visiteront, des joies nouvelles, et vous marcherez avec cette assurance que la vie a un sens.

Les entités célestes ne s'inclineront jamais devant vos pouvoirs, vos richesses, vos connaissances, votre prestige, elles s'inclineront seulement devant votre attitude, parce que votre attitude révèle si oui ou non vous avez compris l'essentiel. Alors, inscrivez bien cela dans votre tête et vous le vérifierez, vous aurez tout le temps pour vérifier.

Avez-vous réfléchi à cette capacité qu'a la terre de transformer tout ce qu'elle reçoit comme déchets, ou même cadavres, des règnes végétal, animal et humain ? Des saletés repoussantes, dont vous détournez le regard dès que vous les apercevez, elle les prend, les transforme et donne, à la place, des arbres et des fleurs magnifiques, des céréales, des légumes et des fruits succulents. De quels laboratoires alchimiques formidables doit-elle disposer !… Alors, pourquoi ne pas vous approcher de la terre pour lui demander de vous aider à faire ce travail de transformation pour vous ? Asseyez-vous sur le sol, faites un petit trou dans la terre, mettez-y un doigt et dites : « Ô terre, ma mère, toi qui m'as donné mon corps et qui me nourris chaque jour, je te remercie… Mais j'ai encore une demande à te faire : puisque tu as le pouvoir de transformer les matériaux les plus vils, accepte de prendre toutes mes impuretés, toutes mes souillures, pour travailler sur elles, et de me les rendre comme une matière aussi transparente que le cristal. » Puis, vous la remerciez.

3 Septembre

Vous avez décidé de suivre un enseignement spirituel… Alors, ne vous montrez pas négligent, acceptez les conseils et les méthodes que vous donne votre Maître, et tâchez de les appliquer. Le disciple qui ne prend pas au sérieux les leçons que son Maître lui donne se ferme le chemin de l'évolution. Bien sûr, ce n'est pas le Maître qui prendra des sanctions, mais la vie elle-même. Car dans le monde spirituel, il existe des barrières que l'on ne peut franchir que sous certaines conditions. Le disciple demande qu'on lui révèle les lois et les merveilles des régions supérieures, avec les entités lumineuses qui les habitent, leurs fonctions, leur travail… C'est bien, mais comment les habitants de ces régions peuvent-ils se manifester à lui s'il n'en est pas digne ? Pour en être digne, il faut au moins commencer par reconnaître ses lacunes et faire des exercices afin de les corriger.

Dans le livre de la *Genèse*, il est écrit qu'au sixième jour, après avoir séparé la terre des eaux, créé le soleil, la lune, les étoiles, les plantes et les animaux, Dieu dit : « *Faisons l'homme à notre image, selon notre ressemblance.* » L'univers est le corps de Dieu, un corps qu'Il anime de son esprit. De la même façon, l'homme possède un corps, qui est un reflet de l'univers, et l'esprit qui anime ce corps est une étincelle jaillie de l'Esprit divin. Dieu n'est donc pas un monarque qui trône loin de notre vue dans un lieu inaccessible, au fin fond du ciel. Sans doute est-Il l'être le plus impénétrable, le plus insaisissable, mais Il est en même temps le plus proche, car Il est en nous. Et c'est donc tout un travail que nous avons à faire pour sentir et vivifier sa présence en nous. Rien n'est plus précieux que la sensation d'être habité par le Seigneur : à ce moment-là, quoi qu'il arrive, rien ne peut ébranler notre certitude.

Tant que les humains donneront autant d'importance à la possession d'objets matériels, à l'acquisition de positions sociales, ils ne cesseront d'entrer en conflit les uns avec les autres. Car tout ce qui peut s'acquérir dans le plan physique est limité en quantité, et il est impossible que le monde entier nage également dans l'opulence. Mais cela ne signifie pas que le monde entier ne puisse pas être heureux, car justement, le bonheur n'est pas l'opulence. Il suffit de très peu de biens matériels pour assurer son existence et trouver le bonheur, mais à condition de comprendre qu'il y a un travail à faire pour orienter ses besoins vers le monde psychique, et au-delà, vers le monde spirituel où les possibilités sont infinies. Là, chacun peut se nourrir, s'abreuver autant qu'il le désire, sans entrer en conflit avec ses voisins, ni craindre qu'on vienne le déposséder de ce qu'il a acquis.

Avec quelle insouciance la plupart des hommes et des femmes entrent dans une liaison ou dans le mariage ! Ils s'imaginent que tout va être facile, léger, plaisant, car évidemment l'autre n'est là que pour répondre à leurs désirs. Mais peu à peu ils commencent à se sentir coincés, et voilà les discussions, les affrontements, jusqu'à ce qu'ils comprennent que pour rétablir la situation, ils doivent faire des efforts et s'oublier un peu pour penser à l'autre. Ce qu'ils prenaient pour une récréation est en réalité une école où commence à se faire cet apprentissage le plus important pour chaque être humain : l'élargissement de la conscience. Vous vous demandez en quoi consiste cet élargissement de la conscience ? Il consiste à sortir de son petit moi limité pour entrer dans l'immense communauté des êtres ; et pour beaucoup, cet apprentissage commence inévitablement quand il leur arrive ce qu'on appelle « tomber amoureux ».

Quand une difficulté se présente à vous ou quand on vous annonce un événement désagréable, observez vos réactions... Aussitôt, intérieurement, c'est tout un mécanisme qui se met en marche : vous commencez à vous inquiéter, à imaginer le pire, et c'est ainsi que, par votre faute, ce qui n'était qu'un petit caillou finit par devenir dans votre tête un bloc énorme qui obstrue votre chemin. Est-ce que dans de telles circonstances il ne serait pas plus sage que vous vous disiez : « Attendons, ce n'est peut-être pas si grave, les choses peuvent s'arranger... » Ainsi, au lieu de donner à cet événement des proportions démesurées et d'être écrasé avant même qu'il se produise, vous vous renforcez. Pourquoi toujours être sûr non seulement du mal, mais du pire ?

Lisez la vie des saints, des prophètes, des Initiés ; tous sont passés par de terribles épreuves. Certains qui en comprenaient le sens ne se décourageaient pas, ils ne se révoltaient pas : ils savaient que c'est grâce à ces épreuves qu'ils deviendraient des divinités. Mais d'autres, qui n'avaient pas encore suffisamment de lumière, étaient accablés, et même quelquefois se révoltaient : pourquoi le Ciel ne venait pas à leur secours ? Ils lui avaient tout sacrifié et il les abandonnait !…

Ce qui manque souvent chez les spiritualistes, c'est le vrai savoir. Ils pensent que parce qu'ils ont consacré leur vie à Dieu, ils vont voir couler des ruisseaux de lait et de miel, marcher sur des pétales de roses et recevoir des couronnes. C'est vrai que l'on trouve dans la Bible de pareilles promesses, et c'est vrai aussi que cela arrivera… mais seulement quand ils auront passé toutes les épreuves ! En attendant, celui qui possède la vraie lumière doit apprendre, quelles que soient les épreuves, à les faire servir pour son évolution.

La vie n'est qu'une suite d'échanges qui se font entre notre monde intérieur et notre monde extérieur ; mais nous devons toujours mettre l'accent sur le monde intérieur, car c'est en lui que nous sommes continuellement plongés. Eh oui, voyez : vous n'êtes pas toujours en train de regarder, d'écouter, de toucher, de goûter quelque chose à l'extérieur de vous, tandis que vous êtes toujours avec vous-même, avec vos pensées, vos sentiments, vos états de conscience. C'est pourquoi, tant que vous privilégiez le monde extérieur sur le monde intérieur, vous courez au-devant des déceptions. Peut-être, pour un moment, pouvez-vous avoir l'illusion de tenir quelque chose, mais quelque temps après vous ne tenez plus rien, tout vous a échappé. Les humains sont à la recherche du bonheur, à la recherche du grand amour, à la recherche de la plénitude, mais ils doivent savoir que c'est en eux-mêmes, d'abord, en organisant leur monde intérieur, qu'ils parviendront à les trouver.

Les humains sont extraordinaires : ils veulent pouvoir exercer une influence positive sur les êtres et les choses, mais quand on leur en donne les moyens, ou bien ils n'y font pas attention, ou bien ils les refusent parce que cela ne correspond pas à leur point de vue. Mais voilà que leur point de vue n'est bon ni pour les autres ni pour eux-mêmes.

Si vous voulez vraiment avoir une action bénéfique sur les êtres, commencez par vous demander de quelle façon vous les considérez. Même s'ils sont en effet aussi incapables, stupides, égoïstes, malhonnêtes, méchants que vous le pensez, cessez de vous concentrer sur leurs défauts et de les présenter aux autres : par votre attitude vous renforcez le côté négatif en eux ; et vous vous faites du mal à vous aussi, car vous ne cessez d'attirer sur vous leurs mauvaises influences. Et comme cette loi joue dans tous les domaines, tâchez de l'appliquer dans vos rapports avec toutes les personnes que vous rencontrez, mais aussi dans la façon dont vous traitez les objets autour de vous.

La tendance naturelle des humains est de subvenir à leurs besoins et de régler leurs problèmes sans tenir compte des autres, et même, s'ils le trouvent nécessaire, au détriment des autres. Eh bien, voilà de très mauvais calculs. Et moi je vous dirai que, dans votre intérêt, vous devez décider de ne plus travailler seulement pour vous-même, mais pour la collectivité. Oui, dans votre intérêt, parce que vous êtes une partie de la collectivité : quand celle-ci s'améliore et progresse, vous bénéficiez de ses améliorations. Vous y gagnez, parce que vous avez placé votre capital dans une banque qui s'appelle la famille humaine, la fraternité universelle dont vous êtes un membre. Tandis que lorsque vous travaillez pour vous-même, dans l'intérêt de votre moi limité, il ne peut rien vous advenir de bon de cette activité. Vous direz : « Mais si, puisque j'ai travaillé pour moi. » Non, car votre moi séparé, égoïste, est un gouffre sans fond, toujours insatisfait, et en travaillant pour lui, vous avez tout jeté dans ce gouffre. Vous devez donc déplacer le but de votre travail et le mettre très haut dans un idéal d'universalité.

Les pierres, les plantes, toutes les créatures qui existent sur la terre, les animaux, les hommes, reçoivent la vie du soleil, sa chaleur, sa lumière. Les Initiés qui ont appris comment regarder le soleil et travailler avec lui ont compris la nature de cette énergie et comment, en développant en eux certains centres subtils, ils peuvent la capter et la transformer.

Le travail d'un Initié est un travail avec la quintessence la plus pure de la lumière solaire. Elle représente pour lui une nourriture qu'il absorbe, qu'il assimile pour la projeter ensuite autour de lui. C'est pourquoi il peut ensuite éclairer, réchauffer et vivifier les créatures. La véritable puissance d'un Initié lui vient de sa capacité de transformer la lumière.

Le Créateur a prévu que, pour l'équilibre de la création, chaque créature aurait ce dont elle a besoin afin de pouvoir continuer à vivre. C'est pourquoi, quand les humains s'affrontent et se détruisent mutuellement, ils travaillent contre le Créateur. Même si Dieu les a créés différents, ce n'est pas pour que ces différences leur servent de prétexte à se combattre. Et personne n'a le droit de se servir de Dieu pour justifier sa haine d'une race, d'un peuple, ou son désir d'asservir une classe sociale. Tous les êtres vivants sont sortis de Dieu, et Dieu souffre de les voir s'entre-déchirer. Les humains ont adopté la philosophie de la séparativité au nom d'intérêts qu'ils prétendent supérieurs, mais qui ne sont en réalité inspirés que par leur égoïsme. La défense de ces intérêts-là, parce qu'elle va contre ceux de la création en son entier, les entraînera à la ruine. Oui, les véritables intérêts des humains se confondent avec ceux de la Divinité. Seule la rencontre des intérêts de l'homme et des intérêts de Dieu produit des bénédictions pour tous.

Au jeune homme riche qui venait lui demander quelles pratiques il devait observer pour avoir la vie éternelle, Jésus avait répondu : *« Vends ce que tu possèdes, donne-le aux pauvres, puis viens et suis-moi. »* Et le jeune homme était reparti tout triste, car ce que Jésus lui demandait là était au-dessus de ses forces. Faut-il en conclure que, pour pouvoir le suivre, Jésus nous dit de nous débarrasser réellement de tout ce que nous possédons pour le donner aux pauvres ? Certains l'ont fait, mais tous n'ont pas pour autant mieux suivi Jésus. Il ne sert à rien de renoncer aux choses matérielles dont la possession nous encombre et obscurcit notre regard, si nous ne nous débarrassons pas aussi des pensées, des sentiments et des désirs qui nous encombrent et obscurcissent encore bien davantage notre regard intérieur. Il est très méritoire de faire des renoncements et des sacrifices, mais renoncer à quoi et sacrifier quoi ? C'est sur ce sujet qu'il faut s'efforcer d'avoir des idées claires.

Chaque appréciation que les humains portent sur les êtres et les choses découle d'une comparaison : ils préfèrent tel être à tel autre, telle chose à telle autre. Pour préférer, pour se prononcer, il faut d'une certaine façon avoir comparé. Ainsi, toute leur vie ils comparent leur maison, leur voiture à celles du voisin et ils s'efforcent d'égaler ceux qui possèdent davantage de choses, meilleures, plus belles, parce qu'ils les croient plus heureux.

Pour le domaine matériel, les humains sont parfaits dans la comparaison. Mais pour le domaine spirituel, ils ne sont pas tellement disposés à comparer : s'ils rencontrent un être désintéressé, plein d'amour, maître de lui-même, ils ne se demandent pas : « Mais comment je suis, moi, à côté de lui ? »… Eh bien, avec cette mentalité, il est impossible de progresser. Pour progresser, il faut se comparer à Jésus, à tous les grands Maîtres spirituels de l'humanité, et se dire : « Comment ajuster ma compréhension à la leur ? Voyons s'ils ne peuvent pas m'apprendre une meilleure façon de penser et de me conduire. »

Vous faites la connaissance d'un être qui vous semble magnifique, vous ressentez une attraction pour lui, vous l'aimez et vous voulez mieux le connaître… Alors, soyez prudent : au lieu d'essayer à tout prix de vous rapprocher le plus possible de lui dans le plan physique, apprenez à écouter les vibrations de sa voix, à capter la lumière de son regard, à vous réjouir de l'harmonie de ses gestes. C'est ainsi que peu à peu vous parviendrez à entrer en relation avec ce qui est le plus subtil et spirituel chez lui, et vous goûterez des sensations inconnues, inexprimables. En adoptant cette attitude, vous finirez aussi par découvrir que des hommes et des femmes que vous aviez tendance à mépriser ou à laisser de côté à cause de leur apparence modeste, insignifiante, sont en réalité des êtres exceptionnels qui vous apporteront beaucoup plus que ne pourraient le faire d'autres personnes apparemment plus intéressantes ou séduisantes.

Le plus grave défaut des humains, celui qui met le plus d'obstacles à leur évolution, c'est la croyance indéracinable en l'infaillibilité de leurs raisonnements et de leurs points de vue. Et alors ils les protègent, ils les cultivent, ils les défendent. Vous direz : « Mais le monde entier a ce défaut ! » Eh oui, c'est même le défaut le plus répandu : cet entêtement des gens à se cramponner à leurs façons de sentir et de voir les choses, comme s'il n'y avait rien de meilleur, de plus véridique que leurs opinions et leurs croyances. Ils ne se demandent pas de quelle région d'eux-mêmes elles leur viennent, ni pourquoi ils ont telles convictions plutôt que telles autres, ils se laissent emporter aveuglément. Et c'est pourquoi la terre devient le théâtre de tous les affrontements, chacun cherchant à faire triompher des points de vue inspirés par ses intérêts, ses convoitises, ses caprices, ou même seulement ses humeurs. Pourquoi faut-il que d'énormes tuiles leur tombent sur la tête pour qu'ils finissent par reconnaître qu'ils ont fait certaines erreurs de jugement et qu'ils ont agi pour des motifs détestables ?

« *Quiconque entend ces paroles que je dis et les met en pratique, sera semblable à un homme prudent qui a bâti sa maison sur le roc* », dit Jésus. « *Mais quiconque entend ces paroles que je dis, et ne les met pas en pratique, sera semblable à un homme insensé qui a bâti sa maison sur le sable…* » Quelle est cette maison ? C'est en réalité une image de l'homme lui-même : s'il fonde son existence sur le sable, c'est-à-dire sur un sol instable que viendront ébranler ses pensées et ses sentiments désordonnés, il ne cessera de vaciller et finira par s'écrouler. Pour tenir bon, il doit fonder son existence sur ce roc que représente son mental supérieur, le plan causal*. Comme son nom l'indique – causal – c'est de lui que partent les courants qui influencent les plans mental, astral et physique. C'est pourquoi le travail que nous pouvons faire en nous élevant jusqu'au plan causal a des répercussions sur nos pensées, nos sentiments, notre comportement quotidien, et même sur notre santé, comme si des ordres étaient donnés de là-haut pour tout organiser et harmoniser en nous.

* Voir note et schéma, p. 376-377.

La nature est vivante et vous pouvez lui parler. Les pierres, les plantes, les rivières, les montagnes, les astres ne connaissent pas nos langues humaines, mais cela n'a aucune importance : dans quelque langue que ce soit, les paroles que nous prononçons avec conviction et amour produisent des vibrations, des couleurs, des ondes qui agissent sur la matière, et la matière réagit, elle répond, comme si elle avait compris. Je ne suis pas naïf au point de croire que lorsque je parle à la terre, à l'eau, à l'air ou au feu, ils comprennent les mots que je prononce ; non, mais ces mots produisent des effets déterminés d'après les pensées, les sentiments et la force que je mets en eux. Quand je m'adresse à l'eau, je sais que mes paroles ne sont que le support d'énergies pures qui vont la toucher et, en la touchant, produire une sorte d'ouverture par laquelle elle me répondra.

Tellement de couches opaques s'interposent entre notre conscience ordinaire et notre conscience divine ! C'est pourquoi ce que nous avons de plus important à faire est d'appliquer les méthodes qui nous permettront de désagréger les dépôts, les scories qui s'opposent en nous à la manifestation de la sagesse, de la force et de l'amour divins.

Les alchimistes du passé cherchaient le solvant universel. Pourquoi ? Ils voulaient dissoudre cette matière opaque en eux, mauvaise inspiratrice et dangereuse conductrice qui empêche l'union avec Dieu. Et vous voulez savoir quel est le meilleur solvant ? L'humilité. Mais ce solvant n'agit efficacement que si nous savons pourquoi et comment nous devons être humbles ; car il ne s'agit pas de se déprécier, de se diminuer sans discernement. Une humilité mal comprise peut faire autant de dégâts que l'orgueil. La véritable humilité est celle qui nous permet de dissoudre notre nature inférieure afin de nous identifier à la Divinité.

Certains, parfois, m'ont reproché le caractère non scientifique et même anti-scientifique de mon enseignement. Eh bien, ils font erreur, rien n'est plus scientifique que ce que je vous dis chaque jour, et rien n'est plus efficace. Mais il s'agit d'une autre science, et qui dépasse toutes les autres. Vous ne me croyez pas ?... Eh bien, je ne vous demande pas de me croire, mais seulement de faire des expériences. Que ceux qui se prétendent scientifiques adoptent au moins une conduite scientifique, c'est-à-dire qu'ils fassent d'abord des essais... et qu'ils se prononcent ensuite. Un scientifique ne commence pas par avoir des certitudes, il fait des hypothèses et des expériences, en attendant tout le temps nécessaire avant de tirer des conclusions. Alors, si sans faire aucune expérience vous vous contentez de déclarer que vous ne me croyez pas, où faut-il vous classer ?...

Lorsque le soleil est voilé par des nuages, il n'a pas disparu, il continue à répandre sa lumière et sa chaleur. Mais si enfin les nuages se dissipent, ou si nous pouvons nous élever assez haut dans l'atmosphère, nous constatons que le soleil est toujours là. Eh bien, c'est un phénomène identique qui se produit souvent en nous. Comme le soleil, Dieu est toujours là, présent, immuable, Il nous envoie sa lumière (sa sagesse) et sa chaleur (son amour). Mais si par des pensées, des sentiments et des désirs désharmonieux, égoïstes, malveillants, nous laissons se former en nous des nuages, nous serons privés de cette lumière et de cette chaleur.

Alors, au lieu de se plaindre que Dieu n'existe pas ou qu'Il les a abandonnés, les humains doivent comprendre qu'ils sont les seuls responsables de cette situation et tout faire pour y remédier.

Par notre esprit, notre Moi supérieur, nous sommes auprès de Dieu, en Dieu, et c'est par lui que nous pouvons dompter notre moi inférieur. En haut, nous sommes déjà libres et dans la lumière, mais il faut que nous le soyons aussi en bas. Ce que doivent être ces relations entre le haut et le bas, entre l'esprit et la matière, a été représenté par le symbole du serpent qui avale sa queue. La tête du serpent représente notre Moi supérieur et sa queue notre moi inférieur. Par ce symbole les Initiés voulaient dire : « Vous êtes en Dieu, dans la lumière, en même temps que vous êtes en dehors de Lui dans l'obscurité. » Mais tête et queue appartiennent à la même créature, le serpent ; elles ne sont donc pas séparées. Et puisque le serpent avale sa queue, cela signifie que notre esprit, notre nature supérieure fait un travail sur notre matière, notre nature inférieure : il cherche à avoir prise sur notre matière, afin qu'il n'y ait plus en nous d'opposition entre les deux.

Qui peut nier que parmi les plus grandes souffrances, les plus grands malheurs que les humains ont à subir, il y a surtout ceux qu'ils ne cessent mutuellement de s'infliger… et qu'ils s'infligent à eux-mêmes par la même occasion ? Mais oui, regardez. Parce que quelqu'un a exprimé des pensées et des sentiments que vous ne partagez pas, vous vous mettez à le considérer comme votre ennemi et vous décidez de le combattre. À partir de là, vous commencez à interpréter toute sa conduite de façon négative, alors qu'en réalité, il n'est pas votre ennemi, il ne vous veut aucun mal, et aussi bien ne sait-il même pas ce que vous avez à lui reprocher. C'est vous qui, par votre manière de le considérer, vous fabriquez un ennemi, et vous détruisez ainsi quelque chose en vous-même. C'est donc vous qui êtes votre ennemi, c'est vous qui prenez des armes contre vous-même. Alors, dites-moi un peu si c'est intelligent !…

25 Septembre

Dans combien de préoccupations et d'activités inutiles, mesquines, grossières, les humains gaspillent-ils chaque jour leurs énergies ! Ils ne voient pas qu'ils sont en train de perdre un trésor irrécupérable. Ils s'imaginent que la vie est là, éternelle, inépuisable ; ils peuvent faire n'importe quoi, elle sera toujours à leur disposition. Ensuite, bien sûr, ils sont étonnés d'être complètement épuisés. Ils ont tout fait pour en arriver là, mais ils sont étonnés et ils se plaignent. Au moins, qu'ils ne se plaignent pas et qu'ils reconnaissent : « Voilà, j'ai fait des expériences et je me rends compte maintenant où est la vérité. »

Et vous, qui recevez la lumière de cet Enseignement, soyez vigilants, ne gaspillez pas votre vie, gardez-la comme il est dit dans le chant du Maître Peter Deunov : *« Sine moï, pazi jivota :* Mon fils, garde la vie, étincelle enfouie en toi, don précieux… » Si vous avez besoin d'une science, la seule, la vraie, c'est uniquement celle-ci : savoir comment préserver votre vie pour la consacrer au service du Ciel.

On peut définir le silence, le vrai silence, comme la région la plus élevée de notre âme. Au moment où nous atteignons cette région, nous entrons dans la lumière cosmique. La lumière est la quintessence de l'univers. Tout ce que nous voyons autour de nous, les êtres, la nature, les objets, et même ce que nous ne voyons pas, est traversé, imprégné de lumière. Et le silence que nous nous efforçons de faire en nous pendant les méditations n'a qu'un seul but : la fusion avec cette lumière qui est vivante, qui est puissante et qui pénètre toute la création.

Quoi que vous arriviez à réaliser dans votre vie, rien ne pourra jamais égaler une activité spirituelle. Dans la vie spirituelle vous travaillez avec des valeurs différentes qui apportent des richesses différentes.

Imaginez un chercheur d'or qui est occupé à tamiser le sable d'une rivière : bien sûr, il peut trouver de l'or, et même beaucoup, mais son entreprise est hasardeuse. Et imaginez à côté un alchimiste : des années et des années il travaille jour et nuit pour trouver la pierre philosophale et il semble travailler en vain. En réalité, s'il a toujours su travailler d'après les règles, il finira par la trouver, et ce jour-là il peut transformer des montagnes de métaux vils en or. Alors, qu'a gagné un chercheur d'or à côté ? Je ne vous présente pas ces deux exemples pour vous pousser à rechercher la pierre philosophale avec l'espoir de transformer tous les métaux en or – non seulement vous ne la trouverez pas, mais vous risquez même de vous ruiner. Par ces deux exemples je veux seulement vous faire comprendre la différence qui existe entre le travail ordinaire et le travail spirituel.

Quand on voit dans quelles contradictions sont en train de se débattre des gens qui se disent croyants, on se demande ce qu'ils ont compris de la foi. Comment faire pour les aider ? Déjà, s'ils pouvaient admettre qu'ils se trompent, qu'ils ne savent pas encore ce qu'est véritablement la foi, ce serait un progrès. Au lieu de cela ils vont s'indigner, riposter en vous disant à quelle religion ou quel enseignement spirituel ils appartiennent, ce à quoi ils croient ; ils énuméreront les prières qu'ils récitent, les cérémonies auxquelles ils assistent, etc., comment pouvez-vous douter de leur foi ? Mais voilà des gens malheureux, malades, médisants, jaloux, aigris, qui s'empoisonnent la vie et empoisonnent celle de leur entourage, et ils prétendent avoir la foi ! Eh bien, ces ignorants ne savent pas que la foi et le succès vont ensemble ; et par succès je veux dire la victoire sur les difficultés et les obstacles intérieurs. Ce qu'ils appellent leur foi n'est en réalité que des croyances sans fondement véritable.

On ne devient pas un saint ou un prophète en une seule vie. Il faut être venu s'incarner de nombreuses fois sur la terre et avoir travaillé, travaillé... Car la terre, c'est cela : des fautes, des erreurs, des souillures. Comment un Maître spirituel pourrait-il aider maintenant les humains et les instruire si, dans d'autres incarnations, il n'avait pas dû faire les mêmes expériences, surmonter les mêmes obstacles ? Quel mérite aurait-il s'il n'avait pas commis les mêmes erreurs et traversé les mêmes épreuves avant de devenir enfin ce qu'il est devenu ? Jamais il n'oserait se présenter devant les autres pour leur demander de faire des efforts que lui-même n'aurait pas déjà faits. Si nous devons suivre les conseils des Initiés et des grands Maîtres, c'est parce qu'ils connaissent le chemin, ils savent de quelles embûches il est semé, et ils savent aussi comment en triompher.

Quoi de plus ordinaire que de se laver les mains ? Mais en réalité, rien n'est ordinaire, rien n'est insignifiant, à condition d'y mettre la conscience. Car l'eau que vous touchez est l'expression matérielle d'une eau invisible qui circule à travers l'univers, et vous pouvez donc entrer en communication avec cette eau cosmique, lui demander de vous purifier. Et vous pouvez aussi lui confier vos pensées, vos sentiments, vos souhaits les meilleurs pour vous-même et pour le monde entier.

Certains vont protester : « Mais c'est affreux, vous nous demandez d'agir comme les païens ! » Non, ce n'est pas plus païen que lorsque vous priez devant une statue ou une image sainte. Quand vous vous adressez à l'eau, ce n'est pas parce que vous la considérez comme une divinité toute-puissante qui va exaucer vos prières, mais parce qu'elle représente un support pour votre travail intérieur, et un support d'autant plus efficace qu'il est vivant, vivant de la vie de Dieu Lui-même. Et c'est également vrai pour la terre, l'air et le feu.

Pour sentir la vie dans toute sa richesse et sa beauté, vous devez chercher partout la présence divine. Alors, chaque jour vous apportera de nouvelles découvertes, et surtout vous allez vous renforcer. Il n'y a pas de moyens plus efficaces pour affronter les difficultés que d'approfondir et d'intensifier la vie en soi. Or, que font les humains ? Ils passent leur temps à courir à la périphérie de l'existence à la recherche de ce qu'ils appellent le succès, la réussite, le bonheur, et ce bonheur est souvent pour eux synonyme de facilités. Mais ces facilités peuvent à tout moment être remises en cause par les événements, et alors ils s'effondrent. Il faut trouver en soi ce point solide que rien ne peut atteindre ; même si on souffre, même si on perd tout, on sent en soi la présence de quelque chose d'inébranlable, quelque chose qui résiste à toutes les tribulations.

Si je ne pensais pas que vous êtes habités par la Divinité, que vous êtes des divinités, il y a longtemps peut-être que je me serais découragé et j'aurais tout abandonné. C'est pour la Divinité qui vous habite que je continue et que j'adopte vis-à-vis de certains êtres une attitude que d'autres, bien intentionnés, viennent me reprocher en disant : « Mais enfin, comment se fait-il que vous ne voyiez pas ce qu'est cette personne ? Vous la recevez, vous lui faites confiance. Méfiez-vous, elle va vous attirer des ennuis. » Eh bien, oui, et je sais ce que je fais. Ce sont eux qui ne le savent pas. Je sais qu'en agissant ainsi, je peux éveiller chez cette personne le besoin de s'améliorer. Si elle ne s'améliore pas, tant pis ! C'est consciemment que j'utilise cette méthode pédagogique, je sais les risques que je prends. S'il n'en sort rien de bon, je trouve évidemment que c'est dommage, mais je ne suis ni catastrophé, ni découragé.

Un curé s'adressait un jour à ses paroissiens dont la majorité étaient des gens très riches. Il leur dit : « Mes frères, comme vous le voyez, notre église est vieille, elle a besoin d'être restaurée ; mais cela va coûter très cher, alors réfléchissons à ce que nous pouvons faire… » D'une seule voix les paroissiens répondirent qu'ils allaient prier Dieu pour qu'Il les aide à trouver l'argent nécessaire. « Comment ? s'indigna le curé, vous êtes milliardaires et vous voulez déranger le Seigneur pour obtenir une somme d'argent qu'il vous est si facile de trouver vous-mêmes ! »

Eh bien, voilà l'idée que beaucoup de croyants se font de la prière : ils réclament l'intervention divine pour arranger leurs affaires, alors qu'ils pourraient très bien se débrouiller tout seuls, à condition de se décider à faire ce qu'il faut. Quand ils sont un peu altruistes, ils prient pour la paix dans le monde, pour qu'il y ait moins de misères… mais là encore, c'est le Seigneur qui doit intervenir. Et c'est pourquoi les guerres continuent, la misère continue : parce que les humains se déchargent sur le Seigneur d'un travail auquel ils devraient eux-mêmes s'atteler et ne demander au Seigneur que la lumière afin d'être toujours bien inspirés.

Ce qui est un mal pour les uns peut être inoffensif ou même bon pour d'autres. Certains êtres vivent dans le feu sans être brûlés, c'est donc que le feu n'est pas un mal pour eux. Pour l'homme, le venin des serpents est mortel, mais il y a des animaux sur lesquels il reste sans effet. Plus simplement encore, certaines personnes ne supportent pas l'air (elles prennent froid) ou la lumière (elle irrite leurs yeux) alors qu'il n'y a rien de meilleur que l'air et la lumière.

On peut donc dire que tout ce que les humains peuvent considérer comme un mal n'en est pas nécessairement un. C'est pour le moment un aspect dérangeant, menaçant, parce qu'ils sont encore faibles ou malades. Ce qu'ils expriment ainsi ne reflète que leurs conceptions personnelles, leurs capacités de résistance ; c'est donc un jugement très relatif. D'autres, comme les Initiés, se prononcent différemment, parce qu'étant arrivés à utiliser le mal, il est devenu un bien pour eux.

Vous voudriez bien résister à certaines tentations, car vous sentez que si vous ne résistez pas, vous allez être entraîné dans des aventures déplorables ; mais souvent, malgré votre souhait vous n'arrivez pas à vous dominer et vous succombez. Pourquoi ? Parce que vous n'avez pas développé en vous un amour pour quelque chose de plus beau, de plus grand, qui pourrait s'opposer à vos instincts. Si vous possédiez cet amour, c'est lui qui combattrait et vous permettrait de vaincre. La volonté seule n'est pas suffisante pour lutter ; à un moment ou à un autre, elle finit par capituler. Il ne suffit pas de dire : « Je ne me laisserai pas entraîner, je résisterai… » Pour résister à ce qui vous entraîne vers le bas, il faut être aidé par une force qui vous projette vers un monde supérieur : un haut idéal.

En prenant conscience de leurs faiblesses, de leurs lacunes, certaines personnes décident de changer d'existence. Mais voilà, la décision de changer d'existence ressemble pour beaucoup à la décision de jeûner : on commence par se sentir très mal. Les palpitations, les maux de tête, les crampes, les vertiges, voilà ce que ressent celui qui n'a jamais jeûné vingt-quatre heures dans sa vie. Alors, que faire ? Abandonner ? Grâce au jeûne, l'organisme se sentant un peu plus libre, s'est décidé à déclarer la guerre à toutes les impuretés accumulées depuis longtemps ; et cela ne peut pas aller d'abord sans quelques malaises. Mais bientôt ces malaises laissent place à un sentiment d'apaisement, de bien-être, qui se reflète peu à peu sur sa santé physique et psychique.

Il en est de même pour celui qui a décidé de changer d'existence : il entre dans un monde de vibrations et de courants plus purs, plus intenses, auxquels il n'est pas habitué, et il peut se sentir d'abord troublé. Mais s'il fait preuve de patience, s'il persévère, il constatera quelle purification, quel allègement et quelle clarification vont se produire en lui.

Un Enseignement initiatique nous donne toutes les possibilités d'améliorer nos prochaines incarnations. Celui qui ne comprend pas l'utilité d'un tel Enseignement non seulement n'améliore rien, mais il risque encore de perdre les quelques avantages qu'il possédait. Prenons l'exemple d'un homme riche : s'il se contente d'utiliser sa fortune à son seul profit, quand il reviendra dans une prochaine incarnation, il devra affronter les plus grandes difficultés matérielles. Il ne saura même pas qu'il était très riche dans le passé et que s'il est maintenant dans la misère, c'est qu'il n'a rien fait pour les autres avec son argent et ses possessions. Et ce n'est pas seulement vrai pour la fortune, c'est la même loi dans les autres domaines : l'intelligence, la beauté, la santé physique et psychique. Combien d'êtres humains viennent au monde tellement handicapés, parce qu'ils ne connaissaient pas cette vérité essentielle de la Science initiatique : qu'ils sont eux-mêmes les artisans de leur avenir !

Y a-t-il beaucoup d'adultes qui se préoccupent vraiment d'aider les jeunes à y voir clair, à s'équilibrer, à se renforcer ? Non, la plupart sont à l'affût de ce qui peut séduire les enfants et les adolescents dont les instincts et les désirs sont en train de s'éveiller, et ils s'empressent de l'offrir à leurs convoitises ! Cela commence par les jouets, et cela continue plus tard avec toutes sortes d'objets ou d'activités tout à fait inutiles ou même nuisibles, dont les jeunes n'auraient eux-mêmes aucune idée s'ils ne les voyaient pas affichés partout dans les vitrines des magasins et vantés par la publicité.

Eh bien, ces gens-là sont coupables d'induire la jeunesse en erreur. Car d'abord, ils suscitent chez elle des besoins matériels qu'elle n'a pas la possibilité de satisfaire, ce qui non seulement entraîne des frustrations, mais aussi le désir d'obtenir malhonnêtement ce qu'elle ne peut obtenir honnêtement. Ensuite, en essayant de lui faire croire qu'elle a absolument besoin de ces objets ou ces activités pour se sentir bien et épanouie, ils la détournent de la véritable recherche du bonheur et du sens de la vie. Alors, qu'ils ne s'étonnent pas s'ils ont un jour à souffrir des comportements criminels qu'ils ont contribué à créer et à alimenter.

Occupez-vous de réviser tout ce que vous avez accepté jusqu'à maintenant comme connaissances, idées, opinions ; étudiez-les et demandez-vous si elles sont en accord avec la Science initiatique. Si oui, soulignez-les, renforcez-les, approfondissez-les. Mais si ce sont des notions qui vont à l'encontre de cette philosophie, sachez qu'elles vont vous égarer, vous créer des difficultés. Alors, rejetez-les : vous vous sentirez ensuite tellement dégagé et libre, vous y verrez tellement plus clair ! Si pour le moment vous tâtonnez encore dans l'obscurité, si vous vous sentez toujours hésitant, tiraillé, entravé, c'est parce que vous êtes encombré de trop de choses qui vous alourdissent et qui obscurcissent votre regard ; il est temps de chercher la lumière et la légèreté. Donc, voilà le travail à faire : savoir ce qu'il faut rejeter et ce qu'il faut garder. C'est sérieux, très sérieux.

Le Ciel vous a amené à connaître cet Enseignement, essayez au moins d'en tirer quelques bonnes choses pour votre évolution ; sinon c'est du temps perdu, et vous allez passer votre vie à tâtonner et à vous plaindre de ne jamais trouver de sens à ce que vous faites.

Tous les humains cherchent un sens à leur existence, mais on dirait qu'ils font tout pour ne pas le trouver. Et comment pourraient-ils le trouver, alors qu'ils mettent à la première place la satisfaction de leurs instincts les plus grossiers ? Qu'ils s'étudient un peu et ils constateront que ce qui les anime, c'est la recherche des plaisirs et le besoin de dominer, de posséder. Quand on veut réellement trouver un sens à la vie, il faut se détacher, prendre quelque distance, sinon on reste englué à ne pas pouvoir se dépêtrer ; et alors, comment parler de sens ? Or, Dieu a mis le sens de la vie dans la compréhension, le respect et l'amour de tous les êtres et de toutes les choses qu'Il a créés.

Les humains sont tellement influencés par l'ordre des choses qui règne dans le monde que s'ils étaient transportés dans le Royaume de Dieu, ils se mettraient à tout critiquer : « Oh, mais c'est bizarre ici, chez nous c'est différent, chez nous c'est mieux… » Exactement comme dans l'histoire de cet homme qui faisait partie d'une tribu dont les membres avaient un seul œil. Il part en voyage et tombe un jour chez une peuplade où tous avaient deux yeux. De retour chez lui, il dit à ses compatriotes : « J'ai vu des monstres, des êtres épouvantables : ils n'ont pas un œil comme nous, mais deux. Il faut les attaquer pour leur arracher ce deuxième œil ! » Eh bien, c'est cette mentalité qu'on retrouve un peu partout. Dès qu'un être manifeste des facultés ou des vertus inhabituelles et que les gens s'en aperçoivent, ils se liguent contre lui en disant : « Il n'est pas normal, celui-là, il faut le combattre. » Parce que la norme, c'est la majorité. Alors, si la majorité est animale, il faut se niveler à elle et rester animal. Vous voyez cette mentalité ? Eh bien, c'est la vôtre parfois.

Celui qui est réellement porté par un haut idéal ne se décourage jamais. La seule présence en lui de ce haut idéal qui le nourrit et qui le guide, le rend heureux. Il sait, il sent qu'il marche sur le bon chemin, que rien jamais n'entravera sa progression et cela lui suffit – même si, sur ce chemin, il lui arrive de faire des faux pas, ce qui est inévitable. Car il ne suffit pas de décider de marcher sur le bon chemin pour pouvoir s'y maintenir sans broncher. À la moindre erreur, à la moindre chute, beaucoup se lamentent : « Ah ! je ne réussirai jamais, je suis stupide, incapable, faible, méprisable. » Ce sont là les réactions d'une fierté mal placée, d'un orgueil blessé. Alors, même si vous commettez des erreurs, même si vous tombez, ne vous arrêtez pas, relevez-vous, et en avant, malgré les faiblesses, les chutes, les échecs et les fautes.

Consciemment ou inconsciemment, chaque être humain cherche son âme sœur. En réalité notre âme sœur, c'est nous-même, l'autre pôle de nous-même qui vit en haut auprès de Dieu dans la perfection et la plénitude. C'est pourquoi dans toutes les Initiations on enseignait aux disciples comment se retrouver. Dans l'Inde, le Jnani-yoga donne des méthodes grâce auxquelles le yogi parvient à s'unir à son Moi supérieur, parce que c'est en s'unissant à son Moi supérieur qu'il s'unit à Dieu Lui-même. En Grèce, on retrouve la même idée exprimée dans la formule inscrite au fronton du temple de Delphes : « Connais-toi toi-même ». Cette phrase, en effet, n'a pas du tout le sens qu'on lui donne en général : connais que tu es un homme et qu'en tant qu'homme tu es limité. La vraie connaissance est une fusion des deux principes. C'est le sens des paroles de la *Genèse* : *« Et Adam a connu Ève »* ou *« Abraham a connu Sarah »*… « Connais-toi toi-même » signifie donc : trouve l'autre pôle en toi-même, ta partie complémentaire. Si vous êtes un homme, l'autre pôle en vous est le principe féminin, et si vous êtes une femme, c'est le principe masculin, avec lequel vous vous fusionnez dans la pureté et la lumière.

À un Maître spirituel, vous ne pouvez demander qu'il ait tous les savoirs et tous les pouvoirs. Vous n'avez le droit de lui demander qu'une chose : qu'il soit pour vous un lien avec le Ciel, qu'il vous montre le chemin vers Dieu, qu'il vous guide sur la voie de la lumière. D'ailleurs, un vrai Maître spirituel ne vous gardera pas pour lui, il vous amènera vers Dieu. Et si vous insistez pour rester auprès de lui, il vous dira : « Non, non, ne comptez pas tellement sur moi, je ne peux pas tout vous donner, seul le Seigneur peut vous combler. Moi, je peux uniquement vous aider à trouver le chemin. Je suis, si vous voulez, comme une cabine téléphonique qui vous permet de communiquer avec le monde divin, avec les hiérarchies célestes, c'est tout. » Voilà ce que dira un vrai Maître. Maintenant, bien sûr, si ce n'est pas un vrai Maître, il vous racontera toutes sortes d'autres choses, et c'est donc à vous d'avoir du discernement.

En réussissant à apprivoiser par la technique les forces de la nature, les humains ont atteint intellectuellement un niveau fantastique. Mais ce n'est pas encore cette évolution-là que le Créateur envisage pour la créature qu'Il a créée à son image. Ce qu'Il envisage est bien au-delà des aptitudes scientifiques ou philosophiques : ce sont des facultés comme l'intuition ; c'est-à-dire la compréhension immédiate, la vision directe des choses. Vous direz : « Mais alors, pourquoi les humains ont-ils été poussés à développer leurs facultés intellectuelles ? » Parce qu'elles sont nécessaires ; s'ils ne possédaient pas ces facultés préalables, ils ne pourraient pas accéder aux facultés supérieures. Il fallait que l'humanité s'oriente dans cette direction et franchisse des étapes tout à fait déterminées pour arriver maintenant à développer des facultés nouvelles, mais évidemment, sans se défaire de celles qu'elle a déjà acquises. Les facultés intellectuelles doivent être encore perfectionnées, mais tout en restant subordonnées à de nouvelles facultés qui sont en train d'apparaître.

La matière tend vers l'esprit, elle veut monter jusqu'à lui pour devenir plus pure, plus subtile ; et inversement l'esprit descend vers la matière pour s'incarner et se manifester à travers elle. Ainsi la bien-aimée part à la rencontre de son bien-aimé qui descend des régions célestes, et quand ils se retrouvent quelque part dans l'espace, ils se fusionnent.

De la même façon, tout le travail du spiritualiste peut se résumer dans ce processus : la rencontre de l'esprit et de la matière. Quoi qu'il fasse, quelles que soient ses occupations, ses expériences, ses projets, ils doivent aboutir à ce que je vous résume ici en deux mots : la spiritualisation de la matière et l'incarnation de l'esprit. Car lorsque l'esprit descend dans les profondeurs de l'être humain, il transforme la matière brute de ses passions en beauté, pureté, lumière, noblesse, amour.

Non seulement les humains s'imaginent qu'ils ne perdent rien à se retrancher de l'harmonie universelle, mais ils sont persuadés que c'est en s'affranchissant des lois de la nature, en luttant contre elles, qu'ils conquièrent leur liberté et deviennent puissants. Eh bien, c'est là la plus grande erreur. L'être humain ne devient véritablement puissant et libre que s'il parvient à vibrer en harmonie avec l'univers, à entendre cette symphonie de la nature entière où tout chante : les forêts, les rivières, les étoiles… C'est cette symphonie cosmique que l'on appelle la musique des sphères. Et pour entendre cette musique des sphères, il doit commencer par harmoniser tout son être, tous ses organes, toutes les cellules de ses organes par un travail assidu et profond. Au moment où les moindres particules de son être vibreront à l'unisson, la symphonie de l'univers se révélera à lui.

La vie quotidienne de la plupart des humains est faite de tourments, de réclamations, de luttes, de rancunes. Pourquoi ? Parce que leur champ de conscience est tellement étroit et limité que rien ne leur paraît plus important que leurs soucis, leurs ambitions, leurs amours, leurs querelles. Ils ne voient pas l'immensité du ciel au-dessus d'eux, tout cet espace infini. S'ils voulaient bien lever les yeux, ils s'arracheraient à ces limitations et ils respireraient un peu. Oui, il ne s'agit que d'une direction du regard. Celui qui pense à l'infini, à l'éternité, commence à sentir qu'il plane au-dessus de tout, que rien ne pourra plus le toucher, aucune vexation, aucune offense, aucune perte, parce qu'une autre conscience est en train de s'éveiller en lui.

On accuse les religions d'avoir massacré les hommes au nom de l'amour de Dieu. Et c'est vrai. Mais il est tout aussi vrai que ceux qui ont prêché l'amour des hommes se sont rendus coupables de fautes aussi graves que ceux qui ont prêché l'amour de Dieu. Des athées ont massacré aussi férocement leurs semblables que les croyants ; et les citoyens des États soumis à des régimes politiques hostiles à toute forme de religion n'ont été ni plus libres ni plus heureux. Ce n'est donc pas la religion qui est fautive, ce sont les humains qui ne voient pas qu'il est avant tout nécessaire de s'étudier et de chercher les meilleures méthodes pour se transformer. C'est pourquoi ils abîment tout ce qu'ils touchent : non seulement la religion, mais aussi la philosophie, la politique, la science, l'art, etc. Chacun de ces domaines ne devient que ce que les humains en font, c'est pourquoi ils doivent comprendre que le plus important est de réaliser un travail sur eux-mêmes afin d'améliorer leurs pensées, leurs sentiments et leurs actes.

Les humains prennent tellement de plaisir à constater les mauvais côtés des autres, à les commenter, à chercher comment les punir, qu'ils s'imaginent que le Seigneur fait de même. Mais pourquoi attribuent-ils au Seigneur leurs propres tendances malsaines ? Dieu ne regarde pas nos fautes : Il a des spectacles meilleurs et plus beaux à regarder. Vous direz : « Mais si Dieu punit les humains, c'est bien qu'Il voit leurs péchés. » Non, ce n'est pas Dieu qui les punit lorsqu'ils commettent des fautes, c'est eux-mêmes qui, par ces fautes, produisent des désordres dans leur intellect, dans leur cœur, dans leur âme, et ensuite ces désordres ont des répercussions négatives dans toute leur existence. C'est cela, la « punition » : la conséquence d'une cause, une cause mauvaise, pernicieuse, qu'on a soi-même fabriquée.

Sous prétexte qu'il existe une quantité de machines, d'appareils ou de produits pour leur éviter des efforts et tout faire à leur place, nos contemporains s'enfoncent de plus en plus dans la paresse physique et mentale. Combien de mouvements, d'exercices d'endurance ou de volonté les gens ne font plus depuis qu'il y a des voitures, des ascenseurs, des machines à laver ou à calculer, des ordinateurs… et des médicaments !… J'approuve, bien sûr, tous ces progrès, mais à condition qu'ils ne fassent pas perdre aux humains le sens de l'effort, car pour leur bon développement ils ne doivent pas cesser certaines activités physiques, mais surtout mentales, psychiques. Dans quelque domaine que ce soit, on ne peut jamais se développer harmonieusement si on se laisse aller à l'inactivité, à la paresse.

Il est arrivé que des personnes me demandent conseil pour le choix d'une profession. Elles hésitaient : devaient-elles s'engager dans telle voie où elles gagneraient beaucoup d'argent, ou bien choisir un métier moins lucratif, mais qui les laisserait libres pour des activités désintéressées ? En tant qu'instructeur, je n'ai pas à dire à quelqu'un qu'il doit faire ceci ou cela, mais seulement à lui expliquer les conséquences de ses choix ; ensuite, c'est à lui de décider. Alors, voici ce que je réponds. Il n'y a rien de mauvais à exercer un métier où vous gagnez beaucoup d'argent, mais tout dépend de ce que vous voulez réaliser. Si votre idéal est ce que l'on appelle habituellement « réussir dans la vie », c'est-à-dire avoir des facilités, du pouvoir, de l'influence, eh bien, gagnez beaucoup d'argent ! Mais si vous avez pour idéal d'approfondir votre vie intérieure, vous n'aurez pas besoin de beaucoup d'argent, mais surtout de liberté, de temps pour des activités spirituelles. Alors, à vous de choisir !

Sans réflexion, sans étude préalable, la plupart des gens ont l'habitude de se prononcer en disant : « D'après moi, c'est faux… d'après moi, c'est stupide… » Les pauvres, ils ne voient pas à quels dangers ils s'exposent. Que savent-ils pour dire « d'après moi » ? Comme si ce « moi » possédait la vérité absolue… Quel orgueil, quelle présomption ! Qu'ils soient un peu plus modestes, mon Dieu ! Quand ils connaîtront ce que d'autres, qui les dépassent, ont dit et réalisé, quand ils auront fait les mêmes études et les mêmes expériences, là, oui, ils auront le droit de dire « d'après moi », pas avant. Bien sûr, on ne peut pas empêcher quelqu'un de dire « d'après moi ». Pourquoi pas ? Tout le monde le dit. Mais il se classe, lui aussi, dans la catégorie des présomptueux et des ignorants.

Les humains vivent l'amour comme un sentiment, une passion, ou même un délire, une maladie… et une maladie incurable ! Non, le véritable amour n'est rien de tout cela : c'est un état de conscience auquel parvient celui qui a longtemps marché sur le chemin du perfectionnement intérieur. Il est la récompense donnée à celui qui a compris qu'il ne serait véritablement heureux qu'en s'approchant chaque jour davantage du monde de la pureté, de l'harmonie, de la lumière, qui est le monde de Dieu Lui-même. Et alors, parce que Dieu est la source de l'amour, il reçoit le plus grand cadeau qui puisse exister : il sent qu'il est capable d'étendre son amour au monde entier, à toutes les créatures, à toute la création. Il ne concentre plus exclusivement son attention et ses pensées sur une seule créature humaine, en attendant qu'elle satisfasse ses besoins, ce qui entraîne nécessairement souffrances et déceptions. Il s'approche chaque jour de l'amour divin qui seul peut remplir son cœur et son âme.

Dieu est si grand qu'Il n'est pas concerné par les erreurs et les méchancetés des hommes, et Il ne varie pas en fonction de leur attitude. Alors, si vous vous sentez inquiet, troublé, rejeté parce que vous avez mal agi, ne dites pas que Dieu s'est retiré ou vous rejette, mais faites des efforts, réparez vos erreurs et vous vous sentirez à nouveau proche de Lui. Et surtout n'attendez pas que Dieu vous pardonne : Il ne vous a pas condamné, Il n'a donc pas à vous pardonner. Il ne sert à rien de se frapper la poitrine en disant : « Je suis un pécheur… je suis un pécheur… » Puisque c'est vous qui avez eu le pouvoir de fabriquer des nuages qui vous privent de la lumière de Dieu, c'est vous qui avez le pouvoir de les désagréger. Tout dépend de vous, de votre attitude. À quoi servent tous les progrès de la psychologie, si l'homme n'arrive pas à comprendre tous ces phénomènes si importants qui se produisent en lui ?

L'histoire humaine est une succession de changements. Rien ne peut rester en l'état, car la vie est en perpétuel mouvement. On aimerait penser que ce mouvement est toujours un progrès. Malheureusement, on est obligé de constater qu'il y a parfois des régressions. Mais progrès ou régression, rien ne reste en place, les générations d'êtres humains se succèdent, et même si, dans certaines sociétés, les changements se produisent plus lentement que dans d'autres, quand les conditions sont favorables, personne ne peut empêcher qu'ils se produisent. Ce sont des courants que commencent à capter les êtres préparés et dont ils deviennent les conducteurs. Et si les changements finissent par être acceptés d'une majorité, c'est que le moment était venu.

Dans le livre de la *Genèse*, Moïse raconte comment Adam et Ève ayant désobéi à Dieu furent chassés du Paradis. Mais ce n'est là qu'une façon d'expliquer la descente de l'être humain dans la matière ; cette descente n'a été en réalité ni une erreur ni un accident, elle était prévue par l'Intelligence cosmique. Pourquoi ? Parce que pour parvenir à la totalité de la connaissance, l'être humain avait besoin de développer ses facultés intellectuelles, et pour les développer, il devait s'appliquer à l'exploration de la matière et donc être placé dans des conditions où sa perception du monde spirituel serait momentanément affaiblie. Les humains en sont aujourd'hui à ce stade de leur évolution : en plein matérialisme. Mais ce n'est pas le stade définitif : une fois cette expérience terminée ils retourneront à nouveau vers les régions de l'âme et de l'esprit qu'ils ont quittées, et grâce à toutes les expériences qu'ils auront faites dans la matière au moyen de l'intellect, ils y retourneront enrichis.

Il ne suffit pas de connaître les méthodes qui permettent de devenir clairvoyant, mage, alchimiste, etc. Il faut d'abord se demander dans quel but on travaille et savoir qu'il y a des lois à respecter. Car celui qui pratique les méthodes de l'occultisme dans son seul intérêt enfreint les lois de l'harmonie cosmique, et à la fin c'est le cosmos lui-même qui met un veto, et il échoue lamentablement. Beaucoup d'occultistes ou de soi-disant spiritualistes, qui travaillaient pour arriver à certaines réalisations, sans se préoccuper de savoir s'ils agissaient en harmonie avec les projets de l'Intelligence cosmique, ont très mal fini. Les ouvrages de sciences occultes proposent un grand nombre de techniques, de rituels, mais outre que beaucoup comportent des risques, aucune de ces pratiques ne vaut celle qui consiste à se mettre en harmonie avec l'ordre cosmique. Et même, les choses vont encore plus loin : pour celui qui ne se préoccupe pas de conserver cette harmonie, qui laisse les tendances anarchistes en lui prendre le dessus, les pratiques les plus inoffensives deviennent dangereuses et se retournent contre lui.

Apprenez à vous servir de l'eau pour votre travail spirituel. Par exemple : après vous être bien lavé les mains, prenez un verre d'eau pure, de préférence de l'eau de source, tenez le verre dans la main gauche et plongez-y un ou plusieurs doigts de la main droite en vous concentrant sur une qualité que vous aimeriez acquérir, un progrès que vous voudriez réaliser, ou même pour améliorer votre santé. Des mages blancs ont pu guérir des malades en leur donnant à boire de l'eau qu'ils avaient ainsi magnétisée. Mais vous, en faisant un travail avec l'eau, ne vous imaginez pas que par ce moyen vous allez tout de suite retrouver la santé ou guérir des malades. Ce serait vraiment très présomptueux. Je ne vous donne cette méthode que comme un exercice, afin que vous appreniez à vous servir de l'eau comme support de votre travail spirituel. Buvez-la ensuite si vous voulez, ou servez-vous-en pour arroser vos fleurs.

Vous donnez encore trop de place à la théorie et pas assez à la mise en pratique. Vous devez enfin vous décider à appliquer les vérités de la Science initiatique sans vous demander : « Mais pourquoi ?... Mais comment ?... Est-ce que cela sera vraiment utile ?... » Vous devez mettre en pratique, réaliser, c'est tout, sinon vous n'aurez jamais de point d'appui solide et vous serez exposé à toutes les tribulations. Ensuite, que vous passiez par des hauts et des bas, c'est normal : la vie quotidienne n'est faite que de surprises, d'imprévus qui peuvent momentanément vous troubler, vous déséquilibrer. Mais si vous vous habituez à faire des exercices, à mettre en pratique certains principes de la vie spirituelle, même les difficultés, même les échecs n'arriveront pas à vous déstabiliser.

Les usages du feu sont multiples. Le feu participe à toutes les opérations chimiques, il fond les métaux, il cuit les aliments pour les rendre assimilables, il donne la chaleur, il donne la lumière, il purifie… Eh bien, dans le plan spirituel, le sacrifice a les mêmes fonctions que le feu. Chaque fois que vous faites un sacrifice, vous allumez un feu. Vous décidez, par exemple, de renoncer à une mauvaise habitude : une matière commence à se consumer en vous et elle dégage une énergie que vous pouvez utiliser pour votre travail spirituel. Le sacrifice est un don que vous faites de vous-même pour recevoir en échange des énergies plus pures qui vous permettront d'aller plus loin, plus haut. C'est pourquoi le sacrifice est un acte magique : grâce à lui vous avez toutes les possibilités de construire quelque chose d'utile, de beau, de grand dans votre cœur et dans votre âme, mais aussi dans le cœur et dans l'âme de tous les êtres.

Calculez le temps que vous passez chaque jour à manger, dormir – ce qui est bien sûr utile, indispensable – mais aussi à parler à tort et à travers, à vous occuper de futilités. Les années passent ainsi loin de la vraie vie, de la vie avec Dieu. Quel gâchis, quel gaspillage ! Et c'est ainsi que le jour où vous quitterez la terre, vous partirez pauvre et nu. Pénétrez-vous bien de cette pensée qu'en quittant la terre, vous n'emporterez pour toutes pierres précieuses que vos seules vertus, pour tout or votre seul savoir et pour tout vêtement les seules parures de votre âme. En quittant le monde, on est comme ces gens qui, chassés de chez eux, sont obligés de laisser leurs terres, leurs maisons, leurs meubles : ils se précipitent vers leurs coffres pour prendre l'or et les bijoux, qui sont les seules choses grâce auxquelles ils pourront survivre. Oui, lorsque la mort arrive, on ne peut se précipiter que sur ses qualités et vertus, il faut abandonner tout le reste. Demandez-vous donc dès aujourd'hui si vous possédez l'or et les pierres précieuses véritables.

Quelle est l'utilité d'appartenir à une fraternité, à une collectivité spirituelle ? Les raisons sont nombreuses, et parmi elles celle-ci : une confrérie spirituelle donne à ses membres les meilleures conditions pour se transformer et progresser. Même s'il souhaite s'améliorer, celui qui est seul n'a pas toujours la volonté de faire des efforts, tandis que dans une collectivité, il est stimulé, entraîné, et c'est donc plus facile. Oui, l'exemple, l'entourage agissent énormément. Que ce soit la débauche, l'alcool, la drogue ou le crime, combien de gens ont fait en groupe des bêtises qu'ils n'auraient jamais faites en restant seuls ! Alors, si on admet qu'une collectivité est puissante pour entraîner les êtres dans le mal, pourquoi ne pas comprendre qu'elle peut l'être aussi pour les entraîner vers le bien ?

Vous souhaitez chaque jour les meilleures choses pour votre évolution, pour le bien de vos amis et du monde entier, et vous vous demandez ce que vous devez faire pour que ces souhaits se réalisent. Je vous donnerai une méthode : écrivez-les sur un papier que vous confiez à l'Ange du feu. Le feu est un messager entre le visible et l'invisible, et dès l'instant où ces papiers sont brûlés, les entités en haut commencent à en prendre connaissance, à les étudier pour voir comment elles peuvent leur donner satisfaction. Bien sûr, il ne faut pas s'attendre à ce que ces demandes se réalisent du jour au lendemain. Mais si vous êtes patient, si vous continuez à faire des efforts, à travailler dans le sens des demandes que vous avez exprimées, vous les verrez se réaliser un jour ; car là où le feu participe, il y a toujours des résultats.

Combien de gens ont la compréhension ou même seulement l'intuition de ce que peut représenter un Maître spirituel pour l'orientation de leur destinée ? Tout ce qu'un enseignement philosophique, moral, pourrait rectifier, améliorer et harmoniser dans leur existence, ils ne veulent pas le savoir, car ils se disent qu'avec un tel enseignement ils ne seront plus tellement tranquilles : il ne cessera de leur montrer leurs lacunes, le danger des chemins sur lesquels ils s'engagent souvent ; alors évidemment ils se sentiront un peu freinés ou un peu coupables s'ils ne respectent pas les règles, et ça, ils ne le veulent pas. C'est dommage, parce qu'avec cette attitude ils vont au-devant de souffrances et de limitations bien plus grandes que celles qu'ils auraient eu à supporter en suivant les recommandations d'un Maître.

Ne cherchez pas la clairvoyance par les moyens et les méthodes de l'occultisme. Car la véritable clairvoyance, les yeux véritables se trouvent dans le cœur, et c'est l'amour qui ouvre les yeux. Lorsque vous aimez un être, que voyez-vous en lui ? Des choses que personne d'autre ne voit. L'amour donne la vraie clairvoyance. La femme qui aime un homme le trouve pareil à une divinité, et ne lui dites pas qu'elle se trompe ! Objectivement, c'est vrai, elle se trompe. Mais si elle paraît exagérer les vertus et les beautés de celui qu'elle aime, c'est qu'elle le voit tel que Dieu l'a créé à l'origine, ou tel qu'il sera quand il retournera dans le sein de l'Éternel. On n'a pas encore compris la puissance de l'amour pour ouvrir les yeux de l'âme. Celui qui veut devenir clairvoyant doit apprendre à aimer. Il faut que son cœur appelle au secours comme l'aveugle de l'*Évangile* : *« Aie pitié de nous, Seigneur ! »* Lancez un appel, et un jour la lumière cosmique viendra et demandera : « Que voulez-vous que je fasse pour vous ? – Que nos yeux s'ouvrent ! – Bien. » Et vos yeux s'ouvriront.

Satisfaire leurs désirs et réaliser leurs ambitions, voilà à quoi la plupart des humains s'emploient tous les jours. Se sont-ils posé une question sur la nature de tous ces calculs, ces plans, ces arrangements ? Ont-ils pensé à demander au Ciel : « Ô esprits lumineux, sommes-nous en accord avec vos projets ? Quelle est votre opinion ? Quelle intention avez-vous à notre sujet ? Où et comment devons-nous travailler pour accomplir votre volonté ? » Très peu se posent ces questions. Et pourtant, rien n'est plus important pour l'homme que de supplier les entités du monde invisible de lui donner la possibilité d'accomplir enfin les projets du Ciel. Car à ce moment-là toute sa vie change : il cesse de se diriger d'après ses caprices, ses faiblesses, ses aveuglements. En s'efforçant de connaître la volonté du Ciel, il se met sur d'autres rails, il prend une orientation qui correspond aux projets de Dieu, et c'est cela, la vraie vie !

Quel que soit votre enthousiasme pour la religion ou l'enseignement spirituel que vous découvrez, ne commencez pas par vouloir le prêcher aux autres. D'abord, parce que les gens en ont assez d'entendre des sermons ; les seules choses capables de les convaincre sont les actes. Ensuite, parce que cette conduite n'est pas bonne non plus pour vous-même. Une conviction spirituelle doit se vivre au plus profond de l'être, afin de devenir chair et os. Alors, si vous vous mettez à prêcher à droite et à gauche, quelque chose intérieurement va s'effriter et à la moindre secousse vous serez ébranlé. Même si vous restez accroché à des principes, rapidement ils ne correspondront plus à quelque chose de vivant, et vous allez vous durcir, vous dessécher, parce que la source en vous sera tarie. Il faut trouver des moyens très subtils pour exprimer ses convictions, sinon on les perd ou, pire encore, elles tournent rapidement au fanatisme.

L'existence ne manque pas de nous présenter des êtres qui nous sont désagréables et nous irritent : du point de vue spirituel, de tels êtres représentent une sorte de matière brute que notre bouche (symboliquement parlant) a de la peine à absorber. Mais si nous avons en nous cette chaleur qu'est l'amour et cette force qu'est la lumière, les glandes de notre « bouche » spirituelle commencent à fonctionner et ces personnes finiront par nous paraître mangeables, elles ne perturberont plus notre état psychique. Celui qui persiste à vouloir « digérer » quelqu'un sans la lumière et sans la chaleur, finit par avoir une indigestion, des aigreurs d'estomac. Mais avec l'amour (la chaleur) et la sagesse (la lumière), il peut changer toutes les matières qui lui parviennent à l'état brut, que ce soit la nourriture, les êtres humains, les situations, les événements, etc. C'est la lumière et la chaleur qui les rendent assimilables.

Pourquoi le cerveau est-il placé en haut, au sommet du corps ?… Si vous l'aviez compris, lorsque vous éprouvez des déceptions, des chagrins, vous ne resteriez pas en bas dans le cœur, dans les émotions, à souffrir, à vous lamenter : vous vous efforceriez de vous élever jusqu'à la raison, à l'intelligence, à la lumière. Quand vous êtes affligé, dans la peine, adressez-vous ce petit discours : « C'est d'accord, je te comprends, je vais préparer des mouchoirs pour essuyer tes larmes. Mais attends un peu, il faut tout d'abord que je réfléchisse un moment ». Et en réfléchissant, vous cherchez et vous trouvez beaucoup plus rapidement la solution que si vous donniez satisfaction à cette partie tellement névralgique de vous-même. Sinon, que se passe-t-il ? Vous vous plaignez, vous pleurez pendant trois, quatre heures… Vous vous arrêtez enfin parce que vous êtes fatigué, et le lendemain vous recommencez… Les pleurs et les lamentations ne résolvent rien. Alors, au lieu de rester en bas dans les sentiments, pourquoi ne pas vous efforcer tout de suite de déménager et aller vous installer en haut, dans la région de l'esprit qui est pure raison, pure sagesse, pure lumière ?

Vous avez vu une classe avant l'arrivée de l'instituteur ? Tous les enfants chahutent, crient, se chamaillent… C'est normal, « quand le chat n'est pas là, les souris dansent. » Mais voilà que l'instituteur arrive : en quelques secondes tous ont trouvé leur place parce que la tête, le chef est entré. Eh bien, ce sont les mêmes lois qui existent au-dedans de nous. Le Seigneur, c'est la tête, le chef, le centre, et tant que nous ne Le laisserons pas pénétrer en nous, ce sera la pagaille. Quand j'entends quelqu'un dire : « Je n'ai pas besoin du Seigneur, je me débrouillerai sans Lui », je peux lui répondre qu'en effet il se débrouillera, mais dans quel désordre et avec quelles pertes ! La tête, le Seigneur, introduit l'ordre parmi les cellules de notre organisme ; quand Il est là, toutes travaillent dans l'harmonie et dans la paix, et la vie circule. Vous n'avez pas encore compris pourquoi il est essentiel d'avoir en soi le Seigneur comme centre ; et voilà, je vous le dis : parce que c'est ce point-là, au centre, qui organise et harmonise tout.

À quoi pensez-vous quand vous mangez ? À vos problèmes d'argent, à vos chagrins d'amour, à la dernière parole vexante qu'on vous a dite ?… Comment dans ces conditions pensez-vous pouvoir capter toutes les énergies que contient la nourriture ? Vous êtes distrait, dispersé, vous avalez machinalement, et même si votre organisme est ainsi soutenu, renforcé, en fait il n'a reçu que les éléments les plus matériels, donc les moins vivifiants. Vous n'avez aucune idée de toutes les énergies dont vous pourriez bénéficier si vous saviez vraiment manger, dans le silence intérieur, en vous concentrant sur la nourriture pour en retirer les particules éthériques, car ce sont ces particules les plus bénéfiques. Alors, essayez : pendant les repas, ne pensez à rien d'autre ; au moins pour une demi-heure, laissez tout de côté, et concentrez votre attention sur ce que vous mettez dans votre bouche, afin de retirer des aliments les énergies subtiles qui contribueront à façonner aussi votre vie psychique.

Vous souhaiteriez qu'on vous révèle une méthode qui vous donnerait la possibilité de résoudre tous les problèmes, d'affronter toutes les situations, comme une clé qui ouvre toutes les portes ?… Mais voilà qu'une telle méthode n'existe pas ! Celle qui a agi hier n'est plus efficace aujourd'hui et il faut en trouver une nouvelle. Hier, par exemple, une pensée que vous avez lue vous a permis d'y voir clair, ou de retrouver la sérénité, mais aujourd'hui cette pensée n'agit plus, il faut en trouver une autre. C'est ainsi que, jour après jour, le Ciel nous oblige à avancer, à faire des découvertes, sinon nous nous endormirions ; avec toujours la même vérité on ne peut pas évoluer. Chaque jour la vie présente de nouveaux agencements, une nouvelle disposition des choses, de nouveaux rapports de force, donc de nouveaux problèmes à résoudre ; et si hier la solution a été de faire appel à la sagesse, peut-être qu'aujourd'hui c'est l'amour, ou la volonté, ou la patience, qui sera efficace. Il y a toujours une solution, mais il faut faire chaque fois l'effort de la trouver.

Pour justifier la désobéissance et la grossièreté des enfants et des adolescents, certains « pédagogues » prétendent qu'étant tellement plus intelligents et doués que leurs parents, il est normal que les jeunes leur tiennent tête. Il arrive en effet qu'on rencontre des enfants exceptionnels, mais ce sont des cas extrêmement rares ; et il n'est pas vrai que la majorité des enfants sont des génies qui ont raison de se révolter contre des parents abrutis. Non, et d'abord il faut savoir que, du moment qu'un enfant est né dans telle ou telle famille, c'est qu'il y a une raison, car rien n'arrive par hasard, les Seigneurs des destinées agissent avec sagesse et justice. Et maintenant qu'il est là, il est trop tard pour remettre cette situation en cause. S'il est tellement génial, pourquoi s'est-il incarné dans une famille d'abrutis ? S'il est venu là, c'est justement pour y faire un stage spécial, et ce stage consiste d'abord à accepter ses parents. Après on verra... Du moment qu'il appartient à cette famille, il faut qu'il commence par essayer de vivre en harmonie avec elle. Quand il aura donné des preuves de sa véritable supériorité, il pourra faire ce qu'il veut, mais pas avant.

La flamme d'une bougie est un aspect du feu solaire qui nous éclaire, nous chauffe et nous vivifie, dans le plan physique mais aussi dans le plan spirituel. Dans le plan physique, la flamme de la bougie n'a évidemment pas les pouvoirs du feu solaire, mais dans le plan spirituel, elle a ces pouvoirs, et c'est pourquoi il est utile pour votre vie intérieure que vous appreniez à entrer en relation avec elle. Prenez une bougie et consacrez-la en disant : « J'allume cette flamme pour la gloire de la lumière, pour l'Ange du Feu. » Vous l'allumez et vous vous adressez à elle : « Flamme bien-aimée, symbole du Saint-Esprit, symbole de l'Amour divin, symbole du Feu cosmique, symbole du soleil spirituel… » en lui demandant de pénétrer en vous et d'imprégner vos cellules afin que le Saint-Esprit vienne un jour faire en vous sa demeure. Car c'est en allumant en vous le feu sacré que vous attirez le Saint-Esprit.

«Soyez parfaits comme votre Père céleste est parfait », disait Jésus. Donc quelles que soient vos faiblesses, quelles que soient vos difficultés et vos souffrances, n'oubliez jamais que votre véritable avenir, votre prédestination lointaine, est de devenir comme Dieu Lui-même. Si vous oubliez cette sagesse, cette lumière, ne soyez pas étonné de ne jamais pouvoir sortir des déceptions, des chagrins et des désespoirs. Et après, évidemment, vous donnerez du travail aux médecins. Il y a tellement de gens qui sont arrivés jusqu'au bord des précipices ! On dit qu'ils sont dépressifs, neurasthéniques, névrosés… les épithètes scientifiques ne manquent pas ! Mais, en réalité, il s'agit toujours de la même maladie : l'oubli de la véritable nature de l'homme, de son essence divine et de sa prédestination finale, le retour dans le sein de l'Éternel. Alors, accrochez-vous chaque jour à la pensée de cet avenir lumineux.

Dans le domaine politique, économique, quand il est question de faire l'unité, il s'agit presque toujours d'ententes fondées sur des intérêts égoïstes, un peu comme les brigands qui s'unissent pour faire de mauvais coups. Ce n'est évidemment pas cela la véritable unité, mais c'est ainsi qu'on la comprend : s'unir pour se jeter sur quelqu'un d'autre et l'évincer ou même l'anéantir. Quand les membres d'une nation disent : « Unissons-nous ! » et que cette union n'a pour but que de combattre le voisin, on ne peut pas réellement parler d'unité. La véritable unité doit être toujours la plus vaste possible. Si, dans le corps, un organe réalise l'unité pour lui-même sans travailler en harmonie avec les autres, lui peut-être se sentira bien, mais les autres souffriront et l'unité sera donc compromise. Quand nous parlons d'unité, nous sous-entendons une unité universelle, cosmique, dont rien ni personne n'est exclu. Mais cette unité doit d'abord se faire en nous-mêmes : toutes nos cellules, toutes nos tendances unies vers Dieu. Cet effort que nous faisons se reflètera sur les autres unités et toutes ces unités éparpillées feront, en se rassemblant, une unité universelle.

Sous prétexte que pour se rapprocher de l'esprit il faut se détacher de la matière, certains « spiritualistes » tombent dans des excès inverses, au point de ne même plus tenir compte de l'hygiène, de l'esthétique, ou du simple bon sens. Comme si l'esprit pouvait se sentir heureux dans la saleté, la laideur et l'insanité ! Vous direz : « Mais certains ascètes… » Oh ! Il n'est pas tellement sûr que tous ceux qui se présentent comme des ascètes se soient réellement rapprochés de l'esprit. La recherche des privations peut n'être qu'une manifestation pathologique. Il y a des gens qui se complaisent dans la souffrance et les mauvais traitements, comme d'autres se vautrent dans les plaisirs. Ce n'est pas une preuve de spiritualité. Là où l'esprit se manifeste, la vie prend les formes les plus sensées et les plus harmonieuses.

Même si tous les humains possèdent une structure identique, ils sont tous différents dans leur sensibilité, leur compréhension, leurs besoins, leurs aspirations, et ils ne peuvent donc pas avoir la même perception des choses. Alors, quand ils se disputent en prétendant chacun posséder la vérité, cela ne rime à rien. Vous direz : « Mais alors, il n'y a pas de vérité ? » Si. Plus l'homme s'élève intérieurement, plus il se détache de ses intérêts personnels, égoïstes, plus il se purifie, plus il se laisse pénétrer par la lumière divine et plus il se rapproche de la vérité. Mais la vérité en tant que principe absolu, il est impossible de dire si nous la connaîtrons un jour. La seule chose que l'on puisse dire avec certitude, c'est que si nous nous efforçons de rejeter les couches opaques qu'ont formées autour de nous nos pensées et nos sentiments obscurs et mal maîtrisés, nous nous rapprochons chaque fois un peu plus de la vérité.

En sachant que les phénomènes qu'ils étudient dans le plan physique sont analogues à ceux qui se produisent en l'homme, les scientifiques devraient s'intéresser sérieusement à cette prodigieuse installation placée dans chaque être par le Créateur et qui lui donne la possibilité de travailler sur la matière de ses pensées, de ses sentiments, de ses désirs et de tous ses états de conscience, afin de progresser dans la voie du bien. Non seulement ils verraient s'ouvrir devant eux un champ d'investigation d'une richesse infinie, mais ils deviendraient de véritables bienfaiteurs de l'humanité. Tandis que regardez la situation de tous ces scientifiques qui ont vu leurs meilleures inventions utilisées dans des buts malfaisants et destructifs ! Même Einstein a regretté d'avoir contribué, par ses travaux, à la construction de la première bombe atomique. Le domaine de la pensée et du sentiment, le domaine de la conscience, voilà ce que la science doit maintenant approfondir.

Pour connaître l'amour, sentir l'amour, vivre l'amour et donner l'amour, nous devons travailler à développer harmonieusement notre intellect, notre cœur et notre volonté. Le véritable amour est un état de conscience, le plus élevé que puisse atteindre un être humain. C'est la conscience divine dans sa plénitude. Celui qui est touché ne serait-ce qu'un court instant par cet amour a la sensation d'être frappé par la foudre. Ce qu'il reçoit alors est tellement beau, sublime, qu'il ne peut presque pas le supporter, mais c'est cet amour qui l'éclaire, qui le vivifie et le ressuscite. Il n'y a rien de commun entre cet état de conscience et ce que l'on appelle généralement l'amour, qui n'est le plus souvent qu'un gâchis de sentiments. L'amour véritable concerne notre être tout entier.

Dans le zodiaque, le Sagittaire est le symbole de l'homme qui est parvenu à faire triompher la raison sur les forces obscures de l'instinct. Cette idée est aussi exprimée par la figure mythologique du Centaure dont le corps de cheval était surmonté par un buste d'homme. L'être humain est fait de deux natures : inférieure et supérieure ; il ne peut pas se débarrasser de sa nature inférieure, mais il doit apprendre à la maîtriser pour la mettre au travail. D'ailleurs, regardez : dans la représentation même du Centaure ou du Sagittaire, le corps du cheval est en mouvement, il court. Mais cette course n'est pas sans raison, elle a un sens, elle est au service d'une action réfléchie, exprimée par l'arc que tient le Centaure prêt à lancer la flèche. Vous savez quelle maîtrise il faut posséder pour tirer à l'arc et viser juste. C'est ainsi que le Sagittaire représente l'homme qui met les mouvements de sa nature inférieure – le cheval au galop – au service d'un idéal : la flèche qui va exactement atteindre son but.

La bonté a beaucoup à voir avec la volonté. Celui qui est bon est toujours poussé à manifester cette bonté par des actes, il se dépense pour soutenir les autres, leur venir en aide, et il les secoue même pour les tirer de leurs difficultés ; souvent, sous une carapace bourrue, se cache un très bon cœur. Mais même si la bonté se manifeste par des actes, elle ne se limite pas à cela. Il faut plusieurs existences pour qu'un être humain arrive vraiment à développer cette vertu qui représente en réalité une des formes les plus hautes de l'intelligence. On dit souvent que les gens qui sont bons sont un peu bêtes, mais quelle erreur ! Celui qui consacre ses facultés mentales, son temps, ses forces, à venir en aide à son prochain, est le plus intelligent. Car la véritable intelligence, c'est de s'oublier pour se mettre au service des autres.

Celui qui étudie l'histoire de l'humanité verra que, dans quelque domaine que ce soit, tous les novateurs, avant d'être compris, suivis par la multitude, ont d'abord été rejetés, persécutés même. Ces novateurs n'avaient pas la volonté de tout bouleverser, ce n'est pas eux qui s'étaient mis en tête de détruire certaines institutions et de les remplacer par de nouvelles. Ils venaient parce que les mentalités évoluent et que les conditions étaient favorables pour un changement. C'est vrai pour la science, la philosophie, l'art, mais aussi pour la religion. Toutes les religions sans exception doivent évoluer ; si elles refusent d'évoluer harmonieusement, elles seront obligées de le faire dans les déchirements et les cassures.

On veut que les humains se transforment et améliorent leur conduite ? Il faut cesser de leur présenter un Dieu qui les punira s'ils Lui désobéissent, et qui les récompensera s'ils font sa volonté. D'ailleurs, on le voit, de moins en moins de gens prennent au sérieux cette conception de la Divinité. Mais qu'on leur explique les conséquences de leurs pensées, de leurs sentiments et de leurs actes sur leurs organes psychiques et leurs organes physiques, qu'on leur montre que tout ce qu'ils font de bon ou de mauvais a nécessairement des répercussions sur eux-mêmes, ils comprendront beaucoup mieux. S'ils tiendront compte ensuite de ces explications, ça, c'est une autre question. Mais un jour ou l'autre, ils seront obligés d'en admettre l'exactitude, car c'est sur eux-mêmes qu'ils pourront les vérifier.

Pendant des siècles, les chrétiens ont persécuté les juifs sous prétexte qu'ils avaient fait mourir Jésus. Mais imaginez que Jésus revienne : est-ce qu'il serait tellement heureux de voir ce que, siècle après siècle, est devenu le christianisme ?… Que les chrétiens me pardonnent, mais le spectacle que Jésus aurait sous les yeux et les sermons qu'il entendrait lui rappelleraient ce qu'il condamnait chez les scribes, les pharisiens et les sadducéens. Alors, de nouveau, il s'élèverait contre cet état de choses ; mais au lieu de l'écouter, ce sont les chrétiens maintenant qui organiseraient des complots pour le faire mourir. Eh oui, ce sont les chrétiens de nos jours qui le mettraient à mort ou qui s'arrangeraient pour le faire taire.

Vieillir est généralement considéré comme une épreuve. Et c'est vrai que pour la majorité des gens, vieillir est une épreuve très pénible, car ils n'ont pas vécu en harmonie avec les lois divines. Or, en réalité, la vieillesse peut être la meilleure période de la vie. Pour ceux qui pendant la jeunesse et l'âge mûr ont nourri un haut idéal, beaucoup de choses s'améliorent pendant la vieillesse : la compréhension, la lucidité… Comment expliquer cela ? On dirait que le cerveau ne suit pas la même évolution que le corps physique. Les jambes, les yeux, les oreilles commencent à nous trahir, mais la vie de l'âme et de l'esprit devient de plus en plus abondante et riche. Comme si on goûtait enfin les fruits de ses efforts. Donc, préparez-vous, pensez à vivre correctement tant que vous êtes jeune, pour pouvoir goûter plus tard cette abondance de fruits.

Un enchaînement de notations floues, insolites, disparates, sans lien entre elles, et des images sans correspondance exacte avec le langage symbolique de la nature, voilà ce que beaucoup de gens, même très cultivés, appellent poésie. Comme ils ne possèdent pas de critères et qu'ils ont plutôt tendance, eux aussi, à vivre dans les régions brumeuses du plan astral, ils sont émerveillés et ils s'enfoncent dans ces régions.

La véritable poésie, c'est le Verbe, le Verbe divin, avec tous les éléments liés entre eux par des correspondances secrètes. La véritable poésie éveille en l'homme le sentiment d'avoir déjà vécu en haut une vie divine, elle fait vibrer en lui les cordes les plus spirituelles. C'est pourquoi, si un poème vous procure seulement quelques petites sensations vagues, lisez-le si vous voulez, mais en sachant que ce n'est pas là encore la vraie poésie. La vraie poésie doit vous aider à retrouver le paradis de votre âme.

La majorité des humains sont trop obnubilés par les gloires de la terre pour comprendre comment se manifeste la gloire de Dieu. Dans l'art sacré, la peinture, la sculpture, on représente toujours le Christ et le triangle de la Sainte Trinité entourés de rayons de lumière, et ce sont ces rayons de lumière qu'on appelle une « gloire » ; la gloire est donc la manifestation lumineuse, éclatante, de la vie divine.

Dieu n'est pas un de ces monarques tyranniques et vaniteux qui réclament qu'on célèbre leur grandeur et leur puissance, Il n'a pas besoin de nous pour chanter ses mérites, tout ce que nous pouvons dire à son sujet ne Lui ajoute rien. Mais c'est nous qui avons besoin de Le glorifier afin d'entrer dans sa lumière. Mais que signifie : glorifier le Seigneur ? Ce n'est pas répéter qu'Il est puissant et sage. Nous glorifions le Seigneur en travaillant à purifier nos pensées, nos sentiments, nos désirs, nos actes. C'est ainsi que nous entrerons dans la lumière de la gloire divine, et partout où tombera cette lumière, nous serons, nous aussi, présents.

Partout où il va et sur tous les objets qu'il touche, l'être humain laisse des traces. Il existe des gens malfaisants dont on dit que, partout où ils posent le pied, l'herbe ne repousse pas. Oui, symboliquement, ce n'est pas exagéré. Et d'autres, au contraire, qui ne pensent qu'à éclairer, vivifier, réchauffer, libérer les créatures, laissent partout sur leur passage des empreintes tellement vivifiantes, lumineuses, que ceux qui viennent après eux se sentent soudain régénérés.

Alors, vous aussi, où que vous soyez, pensez à prononcer les souhaits les meilleurs : « Que tous ceux qui viendront ici soient touchés par la bonté et la fraternité !... Que leur vie soit transformée !... Qu'ils deviennent des enfants de Dieu et travaillent pour l'avènement de son Royaume sur la terre !... »

Vous êtes en ville ou à la campagne, vous marchez dans une rue ou sur un chemin, bénissez cette rue ou ce chemin. Demandez que tous ceux qui passeront par là reçoivent la vie, la paix et la lumière, afin d'apprendre à vibrer de plus en plus à l'unisson avec le monde divin.

Il est dit dans le livre de la *Genèse* : « *Au commencement Dieu créa le ciel et la terre. Et la terre était informe et vide. Et l'Esprit de Dieu se mouvait au-dessus des eaux.* » Pourquoi au-dessus des eaux ?... Parce que l'eau représente la matière cosmique originelle que l'esprit de Dieu, le feu primordial, a pénétrée pour la fertiliser. Contrairement à ce que l'on croit en général, ce n'est pas l'élément terre qui exprime et manifeste le mieux les propriétés et les qualités de la matière, c'est l'eau. Ces qualités sont la réceptivité, l'adaptabilité, la malléabilité.

L'eau est donc le symbole de la matière première qui a reçu les germes fertilisateurs de l'esprit. C'est elle la matrice de la vie. La vie est sortie de l'eau grâce au principe du feu qui a mis cette matière en mouvement. Par elle-même, l'eau, la matière, ne possède pas la vie, c'est le feu qui la lui infuse.

Pour pouvoir travailler avec le feu, il faut aussi connaître l'air, car air et feu sont complémentaires : l'air, qui est toujours en mouvement, tempère le feu, il exerce sur lui un pouvoir régulateur. Ces relations entre le feu et l'air se retrouvent également dans notre vie psychique. Nous sommes des voyageurs qui parcourent l'espace et, pour accomplir notre prédestination, nous avons besoin de feu et d'air, de chaleur et de froid. Le feu, nous l'avons en nous : nous venons au monde en apportant notre poêle avec son combustible, afin de pouvoir nous chauffer au-dedans. Car dehors il fait froid et le chemin est long ; il est donc nécessaire d'entretenir le feu intérieur. Quant au froid, il vient de l'extérieur : c'est l'air qui permet de régler la température. On peut dire que le feu est l'amour et l'air la sagesse. L'amour est en nous, tandis que la sagesse est à l'extérieur de nous afin que nous puissions l'étudier, la contempler et réguler ainsi notre feu intérieur.

Il est raisonnable de soigner les maladies physiques par des moyens physiques. Mais cela ne suffit pas. Dans la mesure où la maladie a le plus souvent pour causes lointaines certaines erreurs que l'homme a commises dans le plan des pensées et des sentiments, tant que ce n'est pas là qu'il apporte lui-même des améliorations, il ne peut pas être définitivement guéri. Alors, la solution, c'est qu'en même temps qu'il utilise toutes les ressources de la médecine, il s'applique à redresser en lui-même le côté affectif, mental, afin de faire disparaître les causes du mal. Qu'il prenne des médicaments, qu'il suive des traitements, c'est bien, mais qu'il accompagne ces traitements d'un travail psychique car, à la longue, les pensées et les sentiments finissent par toucher la matière et participent à sa transformation. Voilà la vraie médecine ! Prenez des médicaments s'il le faut, mais ajoutez-y la force de votre pensée, la force de votre amour, et ils seront plus efficaces.

Avant d'agir, tâchez de bien étudier la situation, pesez le pour et le contre, et même demandez conseil jusqu'à ce que tout soit bien clair pour vous. La confiance aveugle de ceux qui se précipitent dans l'action ne peut que les conduire à l'échec. Quand on ne veut rien voir de la réalité autour de soi, quand on refuse de tenir compte de tous les éléments d'une situation, on se casse la tête. La détermination est une chose et l'obstination en est une autre.

Tant d'entreprises ont échoué malgré la confiance absolue qu'avaient les gens ! Ils manquaient d'expérience, ils n'avaient pas bien étudié les différents aspects d'une question. Ils s'imaginaient que, pour réussir, il suffisait d'être animé des meilleures intentions et d'être convaincu, le Ciel ferait le reste. Eh non, cela ne suffit pas. Mais une fois que vous avez réfléchi et que vous y voyez clair, vous devez écarter la moindre hésitation, afin d'être capable non seulement d'agir correctement mais de persévérer quelles que soient les difficultés.

Les seuls instruments qui intéressent les humains sont ceux – toujours plus perfectionnés – que les sciences et les techniques ne cessent de fabriquer pour leurs commodités, ou leurs divertissements. Les appareils que le Créateur a mis en eux pour explorer les mondes de l'âme et de l'esprit, infiniment plus riches et plus beaux, ils les négligent. Et pourtant, si les sciences et les techniques ont pu arriver à ce point de développement que l'on constate aujourd'hui, c'est parce que l'être humain possède dans les plans psychique et spirituel des appareils qui sont le modèle de ceux qu'il réussit à fabriquer matériellement. Sinon aucune étude, aucune recherche, aucun raisonnement n'aurait suffi pour l'amener à faire de pareilles découvertes. La photographie, par exemple, n'est rien d'autre qu'un aboutissement de l'histoire de l'œil. Et le téléphone, la radio, le radar, l'ordinateur, tous ces appareils existent aussi en l'homme ; déjà à lui tout seul le cerveau est un téléphone, une radio, une télévision, un radar, un ordinateur.

L'espérance n'est pas une vague aspiration à une existence plus facile, plus agréable, mais une sagesse qui sait utiliser le passé et le présent pour se projeter dans l'avenir et agir sur lui. L'espérance, c'est de pouvoir vivre une réalité magnifique qui ne s'est pas encore actualisée. On peut donc dire qu'elle est un avant-goût de la perfection. Oui, grâce à elle, vous mangez, vous buvez, vous vous nourrissez d'un bonheur que vous n'avez pas encore, mais qui est la vraie réalité. Car la vraie réalité n'est pas dans le plan physique, mais dans le monde divin. La vraie réalité, c'est que vous êtes un héritier du ciel et de la terre. Comme vous êtes encore trop jeune et inexpérimenté, vous ne pouvez pas encore prendre possession de votre héritage, mais il est là et il vous attend.

L'homme est capable de grandes choses, mais à condition de commencer par les petites, et plus son ambition est grande, plus il doit commencer modestement. Celui qui obtient un succès sent sa conscience s'élargir, et c'est cet élargissement de la conscience qui compte. À l'inverse, voir trop grand ne peut que le conduire à l'échec, et cet échec diminue quelque chose en lui, il lui fait perdre confiance. Donc, en vous engageant dans la vie spirituelle, ne commencez pas par vous dire : « Dans quelques mois, dans quelques années, je vivrai dans la lumière divine parce que j'aurai vaincu tous mes mauvais penchants. » Ce n'est pas possible, parce que ce sont des tendances que vous avez nourries depuis des incarnations et des incarnations, et si vous partez avec des illusions, vous allez vite vous décourager, car vous ne rencontrerez que des échecs.

Même si le mot « Dieu » ne leur dit plus grand-chose, avec le progrès des connaissances scientifiques et techniques nos contemporains sont obligés d'admettre que l'univers entier est régi par des lois. Ils peuvent donc comprendre qu'il existe une Intelligence cosmique qui a établi des lois, et ces lois qui régissent l'univers régissent aussi l'homme : sa vie physique comme sa vie psychique. Une de ces lois est que tout ce que l'homme vit s'enregistre en lui, dans son organisme physique comme dans son organisme psychique. Oui, qu'ils soient bons ou mauvais, ses pensées, ses sentiments, ses désirs, ses actes s'enregistrent sur la matière de son être. Alors, tout ce qu'il fait de mal finit par se manifester en lui comme un frein, une limitation, et tout ce qu'il fait de bon lui apporte au contraire d'immenses possibilités d'épanouissement.

Voilà ce qu'il faut maintenant faire comprendre aux humains, sinon ni l'Église, ni la Bible, ni les Livres sacrés n'arriveront à les assagir. C'est en lui-même que chacun doit trouver les raisons de respecter les lois divines, c'est en lui-même qu'il doit trouver le modèle divin.

Vous pouvez être victime de graves injustices de la part des humains. Si véritablement vous n'êtes pas coupable, intérieurement faites tout ce que vous pouvez pour résister. Ne donnez jamais à personne la possibilité de vous détruire. Que vous importe ce que pensent des gens tellement aveugles ? Qu'il vous suffise d'écouter le jugement de ce tribunal intérieur qu'est votre conscience, la Divinité qui habite en vous.

Préoccupez-vous avant tout d'être lucide sur vous-même et de vous conduire toujours avec honnêteté et désintéressement. Ensuite, dites-vous que ce que vous êtes, votre dignité, votre honneur, ne dépendent pas du regard que les autres portent sur vous. Votre nature divine vous soutient, et cela devrait vous suffire pour continuer à marcher la tête haute.

Quelles que soient les circonstances, pensez à vous analyser afin de vous rendre compte de ce que vous faites, et surtout comment vous le faites.

Par exemple, vous êtes amené à exécuter chaque jour des tâches plus ou moins intéressantes ou agréables. Mais agréables et intéressantes ou non, vous ne pouvez y échapper. Alors, observez bien comment vous vous y prenez quand vous avez à faire un travail qui ne vous plaît pas tellement : vous soupirez, vous ronchonnez, vous vous y attelez sans conviction, sans amour. Vous ne voyez pas que, par cette attitude, vous vous rendez la tâche encore plus difficile ; et alors, non seulement les efforts que vous êtes obligé de faire ne vous apportent rien intérieurement, mais ils vous démolissent. Tandis que si vous apprenez à considérer les choses autrement, si vous décidez que vous allez prendre ce travail qui vous ennuie comme une occasion de vous exercer, de progresser, vous changerez votre état de conscience et il vous paraîtra moins pénible.

Même si vous ne devez récolter qu'indifférence ou ingratitude, ne cessez jamais d'aimer et de faire le bien. Car l'amour en vous est une source, et si vous décidez de l'empêcher de couler, c'est d'abord vous qui allez vous assécher. Bien sûr, personne alors ne pourra plus vous abuser, vous décevoir, mais l'eau de votre source spirituelle ne coulera plus et vous perdrez la vie. Oui, car lorsque vous laissez votre source se tarir, le monde divin se ferme et vous devenez pauvre et vide. Il est parfois utile, d'un point de vue éducatif, de se fermer envers quelqu'un pour lui donner une leçon dont il a besoin, mais il est très nuisible de se fermer envers les humains en général. Que les gens le méritent ou non, laissez quand même couler en vous la source de l'amour. Vous direz : « Oui, mais s'ils ne méritent pas que je les aime, ce n'est pas juste ! » Ne vous préoccupez pas tellement de ce qui est juste ou injuste : pratiquez cette injustice qu'est l'amour, sinon vous deviendrez un désert !

Même parmi les spiritualistes, combien savent trouver l'attitude intérieure qui permet de surmonter les épreuves ? Ils vous exposeront savamment la loi du karma avec des références à tous les ouvrages de l'Inde et des termes sanskrits compliqués… Ils vous diront que cette loi du karma est la loi des causes et des conséquences, la loi de justice : tel acte entraîne telles conséquences pour l'avenir d'un individu, etc. Mais dès qu'ils sont eux-mêmes touchés par le mal, ils se révoltent : ils étudient, ils pratiquent une discipline spirituelle, ils travaillent pour le bien, comment se fait-il que le Seigneur ne les ait pas protégés ? Tout à coup ils ont oublié que la terre est une école par laquelle ils doivent également passer ; ils sont peut-être plus instruits que la majorité des humains, mais ils doivent encore apprendre.

Toutes les âmes humaines sont sorties du sein de l'Éternel, et elles portent inscrits en elles des « échantillons » de ce que sont la véritable sagesse, le véritable amour, la véritable beauté, la véritable justice, etc. Mais comme la plupart des humains n'ont pas appris à rechercher en eux-mêmes ces traces célestes et à les vivifier, elles restent enfouies sous des couches et des couches d'opinions erronées, de visions fausses, de goûts dépravés. Alors quoi d'étonnant si, n'ayant plus aucun repère pour se diriger, ils ne cessent de s'égarer ? Mais il appartient à chacun de nous de descendre dans les profondeurs de son être pour y découvrir cette clarté que nous n'apercevons presque plus. Par la réflexion, la prière, la méditation, par une discipline de vie, nous pouvons traverser toutes ces couches opaques et retrouver cette lumière, la seule qui peut nous éclairer sur les choix que nous devons faire.

Nous possédons tous une âme et un esprit, et cette âme et cet esprit ont des besoins. Si tellement de gens ne les ressentent pas, c'est qu'ils les ont étouffés en se laissant aller à une vie sans idéal. Mais ces besoins sont là, et quelquefois ils se manifestent chez les êtres sans qu'eux-mêmes puissent en comprendre le langage. Toutes ces expériences dangereuses, comme la drogue par exemple, qui tentent actuellement les jeunes mais aussi les adultes, sont les expressions d'un manque, un appel de l'âme affamée d'infini et qui réclame sa nourriture… Car que reste-t-il pour l'âme dans une société où l'on a détruit toute croyance en un monde divin et où on lui présente comme idéal le combat politique, la réussite économique ou sociale ? Puisqu'on la prive des aliments spirituels dont elle a besoin pour s'élancer dans l'espace, elle va chercher ces éléments dans la matière, dans des substances comme le tabac, l'alcool, la drogue… tout ce qu'on appelle « paradis artificiels ». Eh oui, lorsqu'on ne donne pas à l'âme les aliments spirituels dont elle a besoin, elle cherche à se débrouiller avec des aliments matériels. Seulement, voilà, ces aliments détruisent l'homme.

Depuis des siècles, en Occident, on assiste aux combats que ne cessent de se livrer la religion et la science. Pendant longtemps la religion a été assez puissante pour remporter la victoire. Puis, peu à peu, la situation s'est inversée : au fur et à mesure de ses progrès, la science a pris le dessus et elle a pris sa revanche jusqu'à en arriver à ridiculiser la religion qui a été obligée de battre en retraite.

Mais pas plus que la religion n'a pu s'opposer au développement de la science, la science, quels que soient ses progrès, ne pourra ni supplanter ni détruire la religion. Il existe un lien entre ces deux domaines et chacun doit contribuer à souligner, à éclairer l'autre. Ceux qui essaient de les séparer ou de les opposer commettent une erreur. Le Seigneur ne peut pas avoir introduit, dans l'univers qu'Il a créé et dans l'homme qu'Il a fait à son image, deux réalités incompatibles ; il faut donc découvrir les lois qui régissent le monde matériel comme le monde spirituel.

Le cercle avec le point central est une structure que l'on retrouve partout dans l'univers. C'est celle du système solaire avec le soleil en son centre. Et c'est aussi, à l'autre extrémité de l'échelle des grandeurs, celle de la cellule qui se compose d'un noyau, d'une substance appelée cytoplasme et, tout autour, d'une pellicule, la membrane. On retrouve une structure analogue dans l'œuf (le jaune, le blanc et la coquille), mais aussi dans la plupart des fruits (le noyau ou les pépins, la chair et la peau). Tout organisme vivant est fait d'un centre, puis d'un espace où la vie circule, et enfin d'une « peau » qui sert de frontière, de limite.

Du système solaire à l'atome, on retrouve partout cette structure identique : le cercle avec un point central. Et l'espace qui entoure le point représente la matière ; sans espace, la matière n'existerait pas. Tandis que le point, qui représente l'esprit, n'a pas, lui, besoin d'espace. Et sa puissance tient à ce que, tout en étant une entité imperceptible, il agit partout à la fois.

La vie et la mort sont si étroitement liées qu'il y a toujours dans l'existence quelque chose qui doit mourir pour qu'autre chose puisse vivre. Qu'on le veuille ou non, c'est là un dilemme auquel il est impossible d'échapper.

On peut déjà faire cette observation dans le domaine de la santé. Combien de malades à qui leur médecin recommande de s'arrêter de fumer ou boire de l'alcool, ont l'impression que, s'ils suivent ces conseils, ils ne pourront plus vivre ! Eh oui, parce qu'il y a là deux conceptions de la vie qui entrent en conflit : celle de la vie instinctive et celle de la vie raisonnable. Pour vivre une chose, il faut renoncer à une autre. Celui qui, sous prétexte de vivre plus intensément ou plus agréablement, ne respecte pas les lois de la vie physique, tombe malade et meurt. Il faut choisir la forme de vie qu'on veut privilégier, car on ne peut pas tout vivre à la fois.

Vous avez à transporter un gros bloc de pierre : comme il subit l'attraction de la terre, il est pesant. Mais si vous pouviez l'éloigner suffisamment de la terre pour qu'il échappe à son attraction, il serait léger, il flotterait même. Transposons maintenant cette loi physique dans le monde psychique. Si vous savez transporter vos fardeaux au-delà de la limite de l'attraction terrestre, non seulement ils ne pèseront plus sur vous, mais c'est eux qui vont vous soulever comme un ballon, et vous monterez très haut, toujours plus haut.

Et quand un Maître vous demande de vous libérer, que veut-il dire ?… Que vous devez vous libérer de toutes les activités prosaïques, terre à terre, pour prendre d'autres charges, des charges divines qui vous soulèveront.

Jésus disait : *« Mon Père travaille, et moi aussi je travaille avec Lui. »* Mais qui, même parmi les Initiés, peut prononcer une phrase pareille ? Qui sait même ce qu'est le travail ? « Je bricole… je peine… je me casse la tête… je fais des essais malheureux », voilà tout ce que peuvent dire la plupart des humains. Mais travailler, c'est tout autre chose !

Depuis deux mille ans, on n'a donc pas encore sondé la profondeur de cette phrase : *« Mon Père travaille, et moi aussi je travaille avec Lui »*, elle est restée comme ça, inutile, vide de sens. S'est-on seulement demandé ce qu'est ce travail de Dieu, comment Il travaille, et de quelle façon Jésus s'est associé à ce travail ? Le travail du Christ, c'est de tout purifier, tout harmoniser, tout illuminer et tout faire converger vers la Source divine, afin que l'eau de cette Source puisse en retour se répandre et vivifier la terre et toutes ses créatures. Seul est digne de dire « je travaille », celui qui est parvenu à s'élever jusqu'à l'Esprit divin pour s'imprégner de sa quintessence et en faire bénéficier ensuite toutes les créatures.

Les animosités, les haines entre les humains viennent de ce qu'en face les uns des autres, ils ne pensent jamais qu'ils sont en présence d'un esprit, d'une étincelle qui cherche à se manifester et que, pour aider cet esprit qui est là, il vaut la peine d'être bon, patient, généreux. Étant donné la façon dont ils ont l'habitude de se considérer et ce qu'ils voient les uns dans les autres lorsqu'ils se rencontrent, il est inévitable qu'ils finissent par avoir envie de s'entre-tuer. Et même les chrétiens qui ont, soi-disant, placé l'amour du prochain comme fondement de leur religion, est-ce qu'ils ne continuent pas à vivre dans la haine et les affrontements ? Si. Pourquoi ? Justement, parce qu'ils s'arrêtent toujours sur les manifestations inférieures des êtres. S'ils pensaient qu'il existe en eux une âme et un esprit avec lesquels ils peuvent entrer en relation, ils se sentiraient obligés de se conduire différemment.

Le mot *Bible* signifie livre. Mais la vraie Bible, le véritable Livre, c'est le Livre de la Nature vivante, c'est-à-dire l'univers que Dieu a créé, et l'être humain qu'Il a fait à l'image de cet univers et auquel Il a insufflé son esprit. Tous les livres sacrés ont leur origine dans ce grand Livre, et chacun n'en présente que quelques fragments. Seul le Livre de la Nature est complet et indestructible, et si vous n'avez pas appris à le lire, vous pourrez passer toute votre vie dans la lecture de la Bible, vous n'y comprendrez pas grand-chose. Des fanatiques sont là à brandir la Bible, le Coran ou d'autres textes sacrés, mais même s'ils sont d'inspiration divine, ces livres ne pourront jamais remplacer ce livre dans lequel le Créateur a tout inscrit : l'homme. Et ce livre possède ce que ni la Bible, ni les autres livres sacrés ne possèdent : une âme et un esprit vivants, immortels.

Le printemps, l'été, l'automne, l'hiver… chaque saison présente des correspondances avec les événements de notre psychisme, et l'hiver est le symbole des conditions difficiles de la vie. Durant l'hiver, toutes les forces de la végétation descendent et se concentrent dans les racines où se fait un grand travail. Les racines correspondent au subconscient. Pendant l'hiver, c'est-à-dire dans les difficultés, la souffrance, la solitude, les énergies se retirent à l'intérieur, dans notre subconscient, et là de grands changements se préparent. Vivre dans l'hiver est certainement difficile, mais dans l'hiver se prépare le printemps ; bientôt les énergies se libéreront et il y aura de nouveau toute une floraison, une abondante récolte. Il suffit donc d'être patient et d'attendre que les courants remontent dans la conscience et la superconscience. Mais pour faciliter ce processus, il y a des lois à connaître : durant cette période de froid, il ne faut ni se plaindre, ni se révolter, ni se décourager, mais seulement allumer le feu en soi pour réchauffer son cœur et celui de tous les êtres.

Pour la majorité des humains, aimer signifie demander, exiger, réclamer. Eh oui, traduction littérale ! C'est ainsi qu'ils se conduisent vis-à-vis du Seigneur, et ils font de même vis-à-vis des personnes qu'ils prétendent aimer : ils les poursuivent de leurs exigences et, quoi qu'elles leur donnent, ils sont toujours insatisfaits. Alors, là encore, voici un critère : vous voulez savoir si vous aimez vraiment les êtres ? C'est simple : est-ce que vous éprouvez pour eux de la reconnaissance ? Si vous n'avez rien à leur réclamer, si vous êtes poussé à les remercier par des paroles – ou même seulement par la pensée – parce qu'ils sont là, parce qu'ils existent, alors, oui, vous pouvez être sûr que vous les aimez. Sinon, appelez vos sentiments du nom que vous voudrez, mais en tout cas ce n'est pas de l'amour.

L'idée de royauté s'accompagne nécessairement de l'idée de maîtrise. Un monarque qui domine les autres mais qui n'arrive pas à se dominer lui-même n'est pas réellement un roi, mais un esclave. Le vrai roi est celui qui a d'abord appris à être maître de lui-même. Donc, seul celui qui se fixe pour idéal d'échapper à la domination de ses tendances égoïstes et de contrôler, d'orienter ses pensées, ses sentiments, ses désirs, est sur le chemin de la royauté. Et à ce moment-là, même les esprits de la nature s'inclinent sur son passage en se chuchotant entre eux : « Voici un roi qui vient nous visiter »… et ils lui font fête, ils se pressent autour de lui. Car de tout son être émane un fluide d'une grande pureté, imprégné d'influences curatives, apaisantes. Pareil à une source qui coule, il vivifie sur son passage toutes les créatures.

Dans la Science initiatique le feu est considéré comme le moyen le plus puissant pour entrer en communication avec le monde spirituel, car il représente la limite entre le plan physique et le plan éthérique. Si, avant de commencer un travail de quelque importance, les Initiés ont l'habitude d'allumer une flamme, c'est parce qu'ils savent que le feu les introduira dans les régions subtiles où leur pensée, leur voix sera entendue et où ils trouveront les conditions de la réalisation. Tous les véritables mages ont un lien très puissant avec le feu. Bien que la religion ait perdu de plus en plus le sens de ces pratiques initiatiques, on continue dans les églises à maintenir la tradition d'allumer des cierges ou des veilleuses ; c'est la preuve que les humains conservent inconsciemment ce savoir très ancien que la présence du feu est un gage de réalisation.

Le but de la vie spirituelle est de faire naître en nous le Principe divin, le Christ. C'est un travail long et difficile, mais au moment où se produit cet événement, la naissance du Christ, nous ne pouvons pas nous tromper. Comme si le Ciel s'ouvrait devant nous, nous avons la révélation d'une présence qui nous soutient, nous éclaire, nous protège, nous réjouit. Même dans les circonstances les plus terribles, au moment où nous sommes le plus découragés, nous sentons malgré tout que nous sommes aidés. Oui, c'est la sensation d'une présence, d'une flamme qui ne s'éteint jamais. Même si nous n'avons pas besoin de son intervention, nous sentons qu'elle est toujours là présente, à notre disposition ; et au moment où nous en avons besoin, elle nous donne toute sa lumière et sa chaleur.

Partout dans le monde il faut créer des foyers de lumière afin qu'ils fassent le lien entre la terre et le Ciel. Ce sont des canaux vivants par lesquels descendent les bénédictions divines pour tous les humains. Heureusement, de tels foyers existent déjà, car sans eux la terre serait la proie de toutes les forces obscures et destructrices. Si vous voulez véritablement aider votre famille, votre pays, le monde entier, vous devez tout faire pour créer ces centres de lumière par lesquels la terre entre en contact avec le Ciel. Former de tels centres est la tâche la plus glorieuse que vous puissiez entreprendre : faire que toutes les âmes humaines profitent de vos efforts, afin que grâce à votre travail elles reçoivent la nourriture spirituelle et la joie.

Aucun problème n'est insoluble. Aucune maladie, aucun état psychique, aussi grave soit-il, n'est incurable. Rien n'est irrémédiable, mais à condition que vous soyez capable d'atteindre le sommet : Dieu, qui règne dans l'univers et en nous-même. Voilà une vérité essentielle que les grands Maîtres spirituels de l'humanité ont découverte. Quand ils veulent trouver une solution, quand ils veulent avoir des réponses aux questions qu'ils se posent, ils s'adressent toujours à cette puissance dont Hermès Trismégiste dit : « Et comme toutes les choses sont et proviennent d'Un, par la médiation d'Un, ainsi toutes les choses sont nées de cette chose unique par adaptation. » C'est cette « chose unique », cette Puissance cosmique, qui est Dieu. Alors, quels que soient vos besoins, c'est vers elle que vous devez faire l'effort de vous élever, car elle seule possède les éléments qui peuvent tout transformer et régénérer en vous.

Lorsqu'on rencontre des artistes : peintres, poètes, musiciens, dont on apprécie les œuvres, on est souvent étonné de découvrir que leur personne et leur comportement sont totalement dépourvus de ce qui fait la beauté de leurs créations : ils ne dégagent ni lumière, ni poésie, ni harmonie… Pourquoi ? Parce que la plupart des artistes se contentent de créer, dans une matière extérieure à eux, des œuvres extérieures à eux ; c'est sur cette matière extérieure qu'ils concentrent leurs efforts.

Eh bien, c'est insuffisant, l'art ne doit pas être seulement confiné quelque part dans des œuvres, il doit être aussi dans la vie. Le véritable artiste est celui-là seul qui est capable de se prendre lui-même comme matière de sa création. Toutes les méthodes de la vie spirituelle sont là à notre disposition pour nous aider et nous inspirer dans cette tâche. Oui, c'est en nous d'abord que nous devons créer la poésie et la musique, des formes et des mouvements harmonieux, des couleurs chatoyantes, afin que tous les êtres autour de nous, dans les mondes visibles et invisibles, puissent en bénéficier.

Le chevalier légendaire Perceval, ou Parsifal, partant à la quête du Graal, est devenu dans la tradition initiatique l'image de l'adepte sur le chemin de l'Initiation. Comme Parsifal qui devait traverser des forêts obscures, combattre des ennemis et des géants redoutables, déjouer des pièges, le disciple dans sa vie intime rencontre l'obscurité, les tentations, les dangers, les ennemis... Une fois toutes les épreuves surmontées, Parsifal arrive dans un château merveilleux aux murs ornés d'or et de pierres précieuses, où il est accueilli solennellement ; et c'est là qu'il lui est donné de contempler le saint Graal, le vase sacré. De la même façon, la vision du Graal représente, symboliquement, la récompense suprême pour celui qui nourrit toujours dans sa tête et dans son cœur le plus haut idéal : obtenir les dons inestimables de l'Esprit.

Chaque jour, la Bourse publie le cours des valeurs : certaines sont en hausse, d'autres en baisse, celles qui sont en hausse aujourd'hui seront en baisse demain, et inversement. Eh bien, à une grande échelle, on voit les mêmes phénomènes se produire dans l'histoire du monde : à un moment donné, certaines valeurs étaient à la hausse alors que d'autres n'étaient pas considérées. À certaines époques, par exemple, on a exalté le courage physique : les héros étaient ceux qui savaient se battre dans les tournois, les duels ou les guerres, et qui n'avaient jamais peur du danger. À d'autres périodes, la valeur la plus reconnue était le sacrifice : on admirait ceux et celles qui étaient capables de tout abandonner pour se consacrer à Dieu dans la solitude et le silence, ou de se mettre au service des pauvres, des malades et des persécutés. De nos jours, c'est l'intellect qui est la valeur en hausse : la capacité de raisonner et d'acquérir des connaissances afin d'agir sur la matière. Mais cela ne durera pas, déjà une autre valeur est en train d'apparaître : la fraternité. C'est elle qui va pousser les humains à élargir de plus en plus leur conscience afin d'acquérir la conscience de l'universalité.

Il existe toutes sortes de livres qui disent comment méditer et quelles formules prononcer pendant les méditations… Je ne nie pas qu'elles soient belles, utiles et efficaces. Mais il y a un mot qu'on ne mentionne jamais, un mot qui est pour moi le plus puissant de tous, un mot qui éclaire, qui harmonise, qui guérit, c'est le mot « merci ». J'ai essayé beaucoup de méthodes dans ma vie, j'ai fait beaucoup d'expériences, mais le jour où je me suis habitué à prononcer consciemment le mot « merci », j'ai senti que je possédais là une baguette magique capable de tout transformer. Et en vous aussi, si vous savez comment le prononcer, il fera un travail jusque dans la moelle de vos os.

Rien n'est plus important que de dire à Dieu merci : « Merci Seigneur, merci de tout mon cœur, de toute ma pensée, de toute mon âme, de tout mon esprit, merci. » Vous aurez l'éternité pour vérifier le prix de ce mot.

Note:

L'Arbre de Vie est un schéma symbolique qui résume toute la Science initiatique, les doctrines de tous les Initiés. On peut le comparer à une graine, à une semence : plantez-la, elle fera apparaître devant vous toute la création avec la multitude des créatures. Ce schéma peut devenir un instrument magique, un pantacle parmi les plus puissants. Tout est là, tous les principes, tous les éléments, tous les facteurs avec lesquels le Seigneur a créé le monde.

Vous avez là un système qui vous aidera à ne pas vous disperser dans votre travail spirituel. Si vous travaillez des années sur ce tableau, vous introduisez en vous-même un ordre, un équilibre ; tout en vous devient organisé, harmonisé. Dès que vous avez un peu de temps, arrêtez-vous sur l'Arbre de Vie, choisissez une séphira, concentrez-vous sur elle et cherchez à développer les qualités ou les énergies qu'elle contient. Que vous ayez besoin de lumière, d'amour, que vous ayez besoin de force, de protection, de générosité, de justice ou de vie… adressez-vous à l'Arbre de Vie : il est là à la disposition des fils et des filles de Dieu qui ont besoin de se nourrir de la vie divine.

Omraam Mikhaël Aïvanhov

LES FRUITS DE L'ARBRE DE VIE

Tome 32 – Œuvres Complètes

Arbre séphirotique

1 Ehiéh
Kéther – *la Couronne*
Métatron
Hayoth haKodesch – *les Séraphins*
Reschith haGalgalim – *les premiers tourbillons (Neptune)*
♆

3 Jéhovah
Binah – *l'Intelligence*
Tsaphkiel
Aralim – *les Trônes*
Chabtaï – *Saturne*
♄

2 Iah
Hohmah – *la Sagesse*
Raziel
Ophanim – *les Chérubins*
Mazaloth – *le Zodiaque (Uranus)*
♅

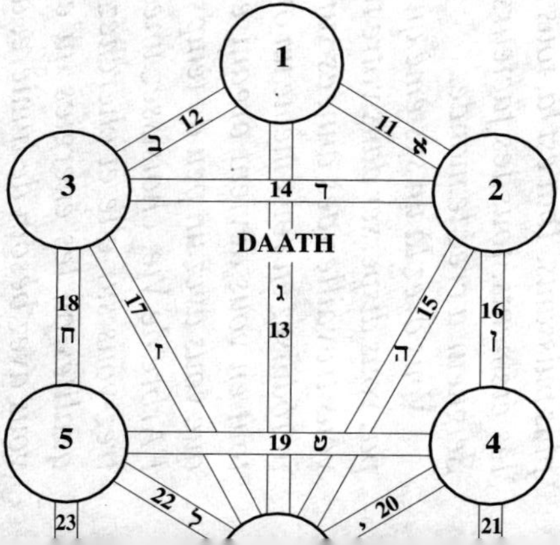

5 Elohim Guibor
Guébourah – *la Force*
Kamaël
Séraphim – *les Puissances*
Madim – *Mars*
♂

4 El
Hessed – *la Grâce*
Tsadkiel
Haschmalim – *les Dominations*
Tsédek – *Jupiter*
♃

8 Elohim Tsébaoth
Hod – *la Gloire*
Raphaël
Bneï-Elohim – *les Archanges*
Kohave – *Mercure*
☿

9 Chadaï-El-Haï
Iésod – *le Fondement*
Gabriel
Kéroubim – *les Anges*
Lévana – *Lune*
☽

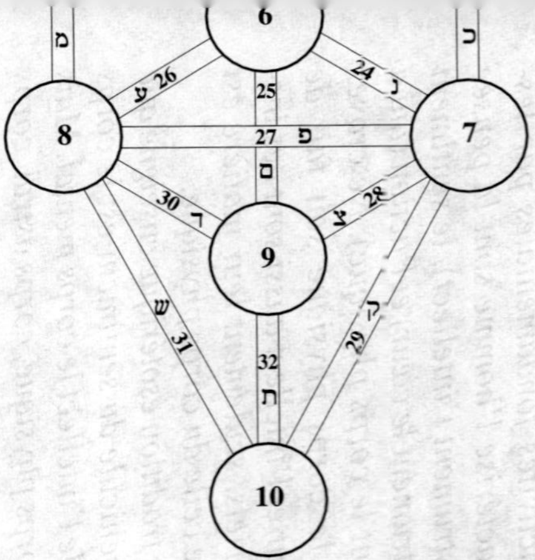

10 Adonaï-Méleḥ
Malhouth – *le Royaume*
Sandalfon
Ischim – *les Hommes parfaits*
Olam Iésodoth – *Terre*
♁

7 Jéhovah Tsébaoth
Netsah – *la Victoire*
Haniel
Elohim – *les Principautés*
Noga – *Vénus*
♀

6 Eloha vaDaath
Tiphéreth – *la Beauté*
Mikhaël
Malahim – *les Vertus*
Chémesch – *Soleil*
☉

Note : Sans rejeter la division corps – âme – esprit adoptée traditionnellement en Occident, Omraam Mikhaël Aïvanhov a surtout utilisé la division en six – ou sept – corps, inspirée de la philosophie hindoue. (Le corps éthérique, souvent mentionné, fait partie du corps physique. Voir à ce sujet le chapitre VI de « La vie psychique : éléments et structures »).

Les trois activités fondamentales par lesquelles se caractérise l'homme sont la pensée (qui a pour instrument l'intellect), le sentiment (qui a pour instrument le cœur) et l'action (qui a pour instrument le corps physique). Ne croyez pas que seul le corps physique soit fait de matière : le cœur et l'intellect aussi sont des instruments matériels, seulement leur matière est plus subtile que celle du corps physique.

Une longue tradition ésotérique enseigne que le support, le véhicule du sentiment est le corps astral et celui de l'intellect le corps mental. Mais cette trinité : corps physique, corps astral, corps mental constitue notre nature humaine imparfaite. Ces mêmes facultés de la pensée, du sentiment et de l'action se retrouvent en nous à un niveau supérieur, et là, leurs véhicules sont les corps causal, bouddhique et atmique qui forment notre Moi divin. Les trois grands cercles concentriques indiquent les relations qui existent entre les corps inférieurs et supérieurs.

NATURE SUPÉRIEURE

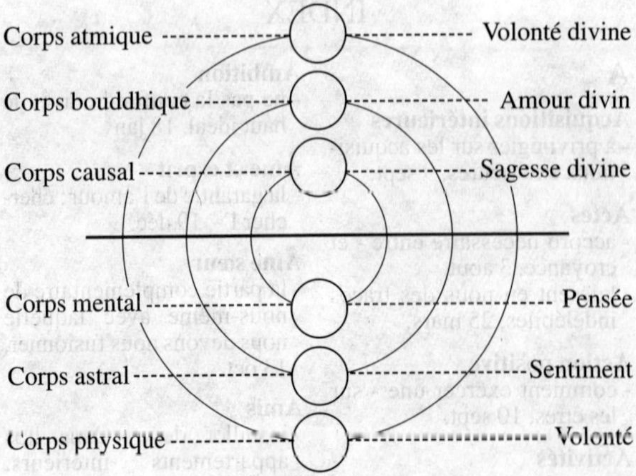

NATURE INFÉRIEURE

Le corps physique qui représente la force, la volonté, la puissance dans le plan matériel est lié au corps atmique qui représente la force, la puissance et la volonté divines.

Le corps astral qui représente les sentiments et les désirs égoïstes et personnels, est lié au corps bouddhique qui représente l'amour divin.

Le corps mental qui représente les pensées ordinaires et intéressées est lié au corps causal qui représente la sagesse divine.

Omraam Mikhaël Aïvanhov

« La vie psychique : éléments et structures » - *N° 222, Chap. III, Collection Izvor.*

INDEX

A

M

N

Q

Du même auteur :

Collection des « Œuvres Complètes »

Tome 1 – La deuxième naissancc
Tome 2 – L'alchimie spirituelle
Tome 3 – Les deux arbres du Paradis
Tome 4 – Le grain de sénevé
Tome 5 – Les puissances de la vie
Tome 6 – L'harmonie
Tome 7 – Les mystères de Iésod,
les fondements de la vie spirituelle
Tome 8 – Langage symbolique, langage de la nature
Tome 9 – « Au commencement était le Verbe… »
commentaires des Évangiles
Tome 10 – Les splendeurs de Tiphéret, le soleil
dans la pratique spirituelle
Tome 11 – La clef essentielle
pour résoudre les problèmes de l'existence
Tome 12 – Les lois de la morale cosmique
Tome 13 – La nouvelle terre
Méthodes, exercices, formules, prières
Tome 14 – L'amour et la sexualité *
Tome 15 – L'amour et la sexualité **
Tome 16 – Hrani Yoga
Le sens alchimique et magique de la nutrition
Tome 17 – « Connais-toi, toi-même » Jnani yoga *
Tome 18 – « Connais-toi, toi-même » Jnani yoga **
Tome 19 à 22 – Pensées Quotidiennes
Tome 23 – La nouvelle religion : solaire et universelle *
Tome 24 – La nouvelle religion : solaire et universelle **
Tome 25 – Le Verseau et l'avènement de l'Âge d'Or *
Tome 26 – Le Verseau et l'avènement de l'Âge d'Or **
Tome 27 – La pédagogie initiatique *
Tome 28 – La pédagogie initiatique **
Tome 29 – La pédagogie initiatique ***
Tome 30 – Vie et travail à l'École divine *
Tome 31 – Vie et travail à l'École divine **
Tome 32 – Les fruits de l'Arbre de Vie
La Tradition kabbalistique

Du même auteur :

Collection Izvor

200 – Hommage au Maître Peter Deunov (hors série)
201 – Vers une civilisation solaire
202 – L'homme à la conquête de sa destinée
203 – Une éducation qui commence avant la naissance
204 – Le yoga de la nutrition
205 La force sexuelle ou le Dragon ailé
206 – Une philosophie de l'Universel
207 – Qu'est-ce qu'un Maître spirituel ?
208 – L'égrégore de la Colombe ou le règne de la paix
209 – Noël et Pâques dans la tradition initiatique
210 – L'arbre de la connaissance du bien et du mal
211 – La liberté, victoire de l'esprit
212 – La lumière, esprit vivant
213 – Nature humaine et nature divine
214 – La galvanoplastie spirituelle et l'avenir de l'humanité
215 – Le véritable enseignement du Christ
216 – Les secrets du livre de la nature
217 – Nouvelle lumière sur les Évangiles
218 – Le langage des figures géométriques
219 – Centres et corps subtils
220 – Le zodiaque, clé de l'homme et de l'univers
221 – Le travail alchimique ou la quête de la perfection
222 – La vie psychique : éléments et structures
223 – Création artistique et création spirituelle
224 – Puissances de la pensée
225 – Harmonie et santé
226 – Le Livre de la Magie divine
227 – Règles d'or pour la vie quotidienne
228 – Regards sur l'invisible
229 – La voie du silence
230 – Approche de la Cité céleste
231 – Les semences du bonheur
232 – Les révélations du feu et de l'eau
233 – Un avenir pour la jeunesse
234 – La vérité, fruit de la sagesse et de l'amour
235 – « En esprit et en vérité »
236 – De l'homme à Dieu: Séphiroth et Hiérarchies angéliques
237 – La Balance cosmique – Le nombre 2
238 – La foi qui transporte les montagnes
239 – L'amour plus grand que la foi
240 – Qu'est-ce qu'un fils de Dieu ?

Éditeur-Distributeur

Éditions PROSVETA S.A. - B.P. 12 – F - 83601 Fréjus Cedex (France)
Tel. (33) 04 94 19 33 33 - Fax (33) 04 94 19 33 34
E-mail: international@prosveta.com
Site internet: http://www.prosveta.com

Distributeurs

ALLEMAGNE
PROSVETA Deutschland – Heerstrasse 55 – 78628 Rottweil
Tel. (49) 741-46551 – Fax. (49) 741-46552 – e-mail: prosveta.de@t-online.de

AUSTRALASIE
SURYOMA LTD - P.O. Box 2218 – Bowral – N.S.W. 2576 Australie
e-mail: info@suryoma.com – Tel. (61) 2 4872 3999 – fax (61) 2 4872 4022

AUTRICHE
HARMONIEQUELL VERSAND – A- 5302 Henndorf am Wallersee, Hof 37
Tel. / fax (43) 6214 7413 – e-mail: info@prosveta.at

BELGIQUE & LUXEMBOURG
PROSVETA BENELUX – Liersesteenweg 154 B-2547 Lint
Tel (32) 3/455 41 75 – Fax 3/454 24 25 – e-mail: prosveta@skynet.be
N.V. MAKLU Somersstraat 13-15 – B-2000 Antwerpen
Tel. (32) 3/231 29 00 – Fax 3/233 26 59
VANDER S.A. – Av. des Volontaires 321 – B-1150 Bruxelles
Tel. (32) 27 62 98 04 – Fax 27 62 06 62 – e-mail: g.i.a@wol.be

BULGARIE
SVETOGLED – Bd Saborny 16 A, appt 11 – 9000 Varna
e-mail: svetgled@revolta.com – Tel/Fax: (359) 52 23 98 02

CANADA – ÉTATS-UNIS
PROSVETA Inc. – 3950, Albert Mines – North Hatley (Qc), J0B 2C0
Tel. (819) 564-8212 – Fax. (819) 564-1823
in Canada, call toll free: 1-800-854-8212
e-mail: prosveta@prosveta-canada.com / www.prosveta-canada.com

CHYPRE
THE SOLAR CIVILISATION BOOKSHOP – BOOKBINDING
73 D Kallipoleos Avenue - Lycavitos – P. O. Box 24947, 1355 – Nicosia
e-mail: cypapach@cytanet.com.cy – Tel / Fax 00357-22-377503

COLOMBIE
PROSVETA – Calle 149 N° 24 B - 20 – Bogotá
Tel. (57) 1 614 88 28 – Fax (57) 1 633 58 03 – Mobile (57) 310 2 35 74 55
e-mail: kalagiya@tutopia.com

ESPAGNE
ASOCIACIÓN PROSVETA ESPAÑOLA – C/ Ausias March n° 23 Ático
SP-08010 Barcelona - Tel (34) (93) 412 31 85 - Fax (34) (93) 318 89 01
aprosveta@prosveta.es

GRANDE-BRETAGNE – IRLANDE
PROSVETA – The Doves Nest, Duddleswell Uckfield, – East Sussex TN 22 3JJ
Tel. (44) (01825) 712988 - Fax (44) (01825) 713386
e-mail: prosveta@pavilion.co.uk

GRÈCE
RAOMRON – D. RAGOUSSIS
3, rue A. Papamdreou – C.P. 16675 – Glifada - Athènes
Tel / Fax: (010) 9681127 – e-mail: raomron@hol.gr

HAÏTI
PROSVETA – DÉPÔT – B.P. 115, Jacmel, Haïti (W.I.)
Tel./ Fax (509) 288-3319
e-mail: haiti@prosveta.com
ISRAËL
Zohar, P. B. 1046, Netanya 42110
e-mail: zohar@wanadoo.fr
theatre@techunix.technion.ac.il
ITALIE
PROSVETA Coop. – Casella Postale – 06060 Moiano (PG)
Tel. (39) 075-835 84 98 – Fax (39) 075-835 97 12
e-mail: prosveta@tin.it
LIBAN
PROSVETA LIBAN – P.O. Box 90-995
Jdeidet-el-Metn, Beyrouth – Tel. (03) 448560
e-mail: prosveta_lb@terra.net.lb
NORVÈGE
PROSVETA NORDEN – Postboks 5101 – 1503 Moss
Tel. (47) 69 26 51 40 – Fax (47) 69 25 06 76
e-mail: prosnor@online.no
PAYS-BAS
STICHTING PROSVETA NEDERLAND
Zeestraat 50 – 2042 LC Zandvoort
Tel. (31) 33 25 345 75 – Fax. (31) 33 25 803 20
e-mail: prosveta@worldonline.nl
PORTUGAL & BRÉSIL
EDIÇÕES PROSVETA
Rua Passos Manuel, n° 20 – 3e E, P 1150 – 260 Lisboa
Tel. (351) (21) 354 07 64 – Fax (351) (21) 798 60 31
e-mail : prosvetapt@hotmail.com
PUBLICAÇÕES EUROPA-AMERICA Ltd
Est Lisboa-Sintra KM 14 – 2726 Mem Martins Codex
RÉPUBLIQUE TCHÈQUE
PROSVETA – Ant. Sovy 18, – Ceské Budejovice 370 05
Tel / Fax: (420) 38-53 10 227 – e-mail: prosveta@iol.cz
ROUMANIE
ANTAR – Str. N. Constantinescu 10 - Bloc 16A - sc A - Apt. 9,
Sector 1 – 71253 Bucarest
Tel. 004021-231 28 78 - Tel./ Fax 004021-231 37 19
e-mail : antared@pcnet.ro
RUSSIE
EDITIONS PROSVETA
143 964 Moskovskaya oblast, g. Reutov – 4, a/ я4
Tel. (095) 791 62 30 – Fax (095) 795 70 74 – e-mail : prosveta@online.ru
SUISSE
PROSVETA Société Coopérative – CH - 1808 Les Monts-de-Corsier
Tel. (41) 21 921 92 18 – Fax. (41) 21 922 92 04
e-mail: prosveta@swissonline.ch
VENEZUELA
PROSVETA VENEZUELA C. A. – Urbanizacion Las Mercedes
Calle Madrid – Quinta Monteserinos – Caracas
Tel. (58) 0414 22 36 748 – e-mail : betty_mramirez@hotmail.com

L'association Fraternité Blanche Universelle
a pour but l'étude et l'application de l'Enseignement
du Maître Omraam Mikhaël Aïvanhov édité et diffusé
par les Éditions Prosveta
Pour tout renseignement sur l'Association, s'adresser à:
Secrétariat F.B.U.
2 rue du Belvédère de la Ronce
F - 92310 SÈVRES, FRANCE
Tel. (33) 01 45 34 08 85 – Fax (33) 01 46 23 09 26
E-mail: fbu@fbu.org – Site internet - http://www.fbu.org

Achevé d'imprimer en juin 2003
par DUMAS-TITOULET Imprimeurs
42004 Saint-Etienne – France
N° d'imprimeur : 38997

Dépôt légal : juin 2003